I0751191

LES AMOURS
DE ZOROAS
ET DE PANCHARIS.

TOME PREMIER.

SE VEND A PARIS,

Chez
- PATRIS et GILBERT, libraires, quai Malaquais, n° 2, près la r. de Seine.
- FUCHS, libraire, hôtel de Cluny, rue des Mathurins.
- LEVRAULT, quai Malaquais, au coin de la rue des Petits-Augustins.

Vol. I.

Mariage Sc.

Aimable Vénus qu'il me soit permis d'appaiser ton ressentiment. L'OFFRANDE, Pag. 23.

LES AMOURS
DE ZOROAS
ET DE PANCHARIS,

POÈME ÉROTIQUE ET DIDACTIQUE,

OU

VEILLÉES D'UN HOMME DE LOISIR

SUR le culte de Cythérée, pratiqué autrefois à Milet, et telles qu'un Initié du temple d'Amathonte les a soustraites et publiées à Athènes, ornées de plusieurs morceaux relatifs à la génération, la germination et autres fonctions intéressantes, tant chez les animaux que chez les végétaux.

OUVRAGE traduit sur la seconde édition de l'original latin, et enrichi de notes critiques, historiques et philosophiques,

PAR UN AMATEUR DE L'ANTIQUITÉ.

Dat veniam corvis, vexat censura columbas.
JUVÉNAL, Satyr. II. v 38.

A PARIS,

De l'Imprimerie de C. F. PATRIS, rue de la Colombe, en la Cité, N° 4.

AN X — 1802.

PRÉFACE
DU TRADUCTEUR.

Un poëme latin, en vers élégiaques, riche en images, dont le coloris a ce brillant qu'on admire chez tous les auteurs du siècle d'Auguste (1), précédé d'une prose élégante où l'on trouve une grande variété de faits relatifs à l'auteur, tel est l'ouvrage que nous avons entrepris de faire sortir de son écorce, pour mettre son fonds en évidence. En nous occupant de ce travail, nous avons tâché de dédommager le Lecteur des agréments de la prosodie qu'offre l'original, par ceux d'une version facile qui pût répondre au mètre harmonieux du texte. La langue des anciens Romains est concise; un seul mot offre nombre d'idées, et, selon que ce mot est lié à d'autres, la scène se déploie, les tableaux se colorent, et bientôt la perspective se

(1) Voyez le Journal de Paris, 27 prairial an 9; le Moniteur, 5 messidor même année; le Publiciste, le Journal des Spectacles, celui des Débats, etc.

*

et les victoires signalées de Fabius; mais loin de moi l'idée de nourrir mon récit des faits qui seraient étrangers à ma personne, ne sachant que trop, par l'expérience acquise des circonstances récentes, combien vacille et souvent s'écroule l'édifice d'une gloire établie sur de si faibles fondements. » Notre auteur naquit à Paris, au milieu du dernier siècle, à la suite d'une chaste liaison que se jurèrent ses parents aux pieds des autels. Destiné par eux, dès l'adolescence, à un commerce qui devait faire son plus bel héritage, il reçut une éducation conforme à leurs vues, jusqu'à ce qu'un religieux vint lui ouvrir les yeux sur une carrière à parcourir d'une manière qui pût mieux occuper ses moyens. L'homme pieux prit en amitié le pupille docile qui paraissait avoir toutes les dispositions propres à répondre à ses soins; il l'attira chez lui, et, par les peines qu'il prit, il sut tellement lui applanir les routes difficiles des Humanités, que le jeune élève, à sa deuxième année d'étude, put passer, en 1762, sous la direction du professeur Coger, régent de seconde au collège Mazarin. A peine le jeune élève avait-il puisé à la source qui coulait si favorablement à cette première école pour le désaltérer, que son premier instituteur fut envoyé à Rouen, et, dès-lors sans appui, l'écolier rentra dans la maison paternelle, pour de nouveau vaquer aux vues commerciales que ses parents avaient fondées sur lui. Il avait quinze ans quand, voyant son incapacité à remplir leurs intentions, ils le mirent à étudier, sous le professeur Brasdor, les premiers éléments de l'art de guérir. Pour celui que l'ardeur de l'étude excite, tous les moments sont pris par des travaux qui le portent à son but. Ceux qui restaient alors à l'élève étaient remplis par les leçons de philosophie, de physique et de mathématiques, que lui donnaient les professeurs Gagnot, Marie et Nollet, dans les collèges où ils enseignaient avec tant de célébrité. L'élève avait dix-huit ans quand, investi du titre de Maître-ès-arts, il entra par concours à l'hôpital de la Charité, pour s'y instruire de la pratique chirurgicale, dont il n'avait encore étudié que la théorie. Ce fut alors que, mettant au jour son savoir dans plusieurs examens, les professeurs de l'école publique de chirurgie, d'un commun accord, récompensèrent son émulation en lui adjugeant une médaille d'or. Le jeune élève encouragé, suivait sa pénible carrière quand, au milieu d'un grand nombre de concurrents qu'attirait, en 1771, la vacance d'une place d'élève aux Invalides, les professeurs Morand et Sabbatier le distinguèrent à la clarté de ses réponses. Il obtint le prix, et dès-lors, placé auprès d'un maître qui lui fut toujours cher, il n'en eut que plus de moyens de profiter de ses leçons. La carrière de la chirurgie paraissant trop bornée pour un esprit susceptible de recevoir et conserver une plus vaste étendue de connaissances, l'élève entra dans celle de la médecine, qui, par la variété d'objets qu'elle lui offrait pour occuper son attention, pouvait le dédommager du nouveau fardeau qu'il s'imposait. On avance à grands pas dans les routes tortueuses de cette science, quand on suit le fil conducteur de la chirurgie, qui dirige les pas chancelants de ceux qui s'y hasardent. Inscrit, en 1772, sur le registre des étudiants en l'ancienne Faculté de médecine de Paris, l'élève était tout à l'étude de la science qu'il allait puiser à cette célèbre École, lorsque Delamartinière, premier chirurgien de Louis XV, ayant entendu parler des moyens qu'il avait déployés dans un examen de gagnant-maîtrise, ce zélateur de la chirurgie l'appela à lui et lui promit, s'il voulait borner ses moyens à cette branche de l'art de guérir, non seulement une réception gratuite parmi les maîtres de la capitale, mais encore toutes les faveurs qui pouvaient dériver d'une source aussi féconde en largesses que celle qu'il lui ouvrait. Mais que peuvent, auprès de ces ames élevées, ces preuves distinguées de zèle qui cachent sous elles la servitude? L'homme de génie, qui se sent né pour planer à son gré, ne saurait ramper sous la volonté d'un courtisan qui, malgré toute sa bienveillance, finit toujours par rendre trop pesantes les chaînes qu'il voudrait cacher. Aussi l'élève, peu docile au joug, négligea l'homme de cour, et, riche des notions puisées dans son art, de celles que lui avaient déjà données sur d'autres climats les philosophes voyageurs, muni d'un brevet qui le constituait chirurgien-major du roi, pour toutes les possessions françaises de l'Inde, il se mit en route pour aller vers les contrées que fréquentèrent autrefois Démocrite, Pythagore et les autres sages de la Grèce, dans le dessein d'y perfectionner leurs connaissances. La première pause que fit notre voyageur, fut pour lui la plus agréable de ses jouissances. Elle eut lieu au Cap de Bonne-Espérance, dans cette agréable saison où la terre, long-temps échauffée des rayons d'un soleil bienfaisant, enfante ces productions succulentes que la riante Pomone reçoit dans son sein pour les distribuer aux laborieux cultivateurs. C'est-là que, sortant du pouvoir d'un élément dont il avait éprouvé dans ces parages toutes les fureurs, il vint près de Constance, se refaire de ses fatigues de mer, au milieu d'une famille où il goûta les plaisirs d'une hospitalité dont on ne trouve de modèle que chez nos bons aïeux. A cette époque, 1774, parcourait, en naturaliste, cette extrémité de l'Afrique, le D. Thunberg, que son profond savoir a placé sur la chaire de Linnée, dans l'académie royale d'Upsal. Le fer est autant attiré par l'aimant que l'aimant l'est par le fer. Quoi d'étonnant alors que nos jeunes voyageurs se portassent l'un vers l'autre, pétris comme ils l'étaient de qualités si attractives? Dès-lors les collines, les vallons de False-Bay, la haute montagne de Table-Bay qui domine sur une si vaste étendue de terre et de mer, Round-Boss et autres campagnes circonvoisines, devinrent les lieux de leurs philosophiques excursions. C'est-là que, sur un nouveau tapis de verdure, le célèbre botaniste enflammait son élève, en lui montrant çà et là les nombreux enfants d'une Flore étrangère qui le dispute à bon droit par l'éclat de sa cour, à celle qui nous sourit en nos climats. Les prothées à fleurs argentées, les bruyères variées, les alethrides, les mésembrianthèmes, les hémanthes à fleurs pourprées et écarlates, enorgueillis de l'attention que leur portaient les voyageurs, semblaient aviver leurs couleurs pour fixer les doutes qu'on aurait pu former sur leur prééminence. De retour au domicile, on parcourait les herbiers, on considérait les insectes, les poissons de la mer, des lacs et ruisseaux qui humectent cette contrée, et le nouveau venu nourrissait son ame de tout ce qu'elle pouvait saisir sur des tableaux qui s'offraient avec tous les agréments que leur donnait une grande variété. Ainsi se passa la relâche, sans que les jouissances ordinaires de la vie eussent accès chez notre voyageur. On se remit en mer à regret; et le vaisseau, arrivé à l'aterrage, l'ancre fut jetée à Sualy, dans le golfe de Cambaye, sept mois aprés le départ d'Europe. A quatre lieues de cette rade; sur le bord du Tapty, s'élève la grande et commerçante ville de Surate, qui est sous le gouvernement anglais et mahométan. Ce fut là que notre voyageur fixa son séjour, dans la résidence du consul français qu'il avait accompagné. Une nombreuse bibliothèque, des machines de physique, qui lui furent confiées, devinrent dès-lors sa propriété, et comme telles placées sous sa main. Les expériences de chimie qui, sous les Rouelle, les Roux, les Laplanche et les Macquer, avaient servi à son instruction, se répétèrent dans son laboratoire et meublèrent sa pharmacie naissante de préparations qui, jointes à celles apportées d'Europe, devaient servir à sa pratique. Nous passons d'autant plus volontiers les détails relatifs à la vie privée du voyageur, qu'aujourd'hui ils ne seraient pas d'un bien grand intérêt au plus grand nombre de nos Lecteurs. Ayant intention de parcourir l'Inde, la première étude à laquelle il crut devoir accorder ses loisirs, fut celle des langues anglaise et maure. Une année s'écoula à remplir cette pénible tâche, dont par la suite il devait tirer un bien grand profit. Ne pouvant, comme lui, nous étendre sur les particularités que lui offrit la ville et son gouvernement, sur les anecdotes qu'il rapporte, les fêtes brillantes qui s'y donnent tous les ans, sur les cérémonies et le culte que suivent les Hindous, les Gentils, les Brames, les Parsis ; sur les sépultures, les noces, les promenades, l'hôpital des animaux, les lieux de plaisance, Poulparaw, le jardin de la Begoum, les saisons, les maladies régnantes et autres objets détaillés dans le langage recherché de Cicéron, nous renvoyons le Lecteur lettré à tout ce qui en est rapporté dans l'original. Cependant, pour donner une idée des matériaux que nous laissons de côté, nous offrirons le passage suivant, qui a trait aux balliadères dont Raynal fait un si joli tableau, sans cependant l'avoir peint d'après nature. « Ceux, dit notre voyageur, qui n'ont jamais vu ces sortes de danseuses, pourront trouver agréable l'expression qu'elles mettent dans les mouvements singulièrement agiles de leurs membres, le trépignement de leurs pieds et l'expression de leur figure, dont elles varient le caractère selon la modulation de la voix et l'accompagnement du chant qui, de temps à autre, lui répond. Quoi qu'il en soit, continue-t-il, comme j'ai souvent assisté aux récréations dont elles nourrissent la molle oisiveté des grands, lorsqu'au milieu de la nuit leurs moyens sont le plus en vigueur, je ne crois pas qu'un Européen, qui a des mœurs, puisse jamais prendre un goût durable pour ce genre de plaisir. » Leurs chansons sont le plus souvent improvisées, ce qui suppose en elles un genre d'éducation qui, sous ce rapport, les place au-dessus du vulgaire. Elles roulent toutes sur une mythologie qui est relative au pays ; et à mesure que leurs idées se forment, elles les débitent en vers persans, qui est une langue morte, restée en usage chez les savants. Pendant qu'elles mêlent leurs gestes, infiniment variés, à la douce mélodie, par fois un peu criarde, des voix concordantes d'un chœur, l'un avec un tamtam ou petit tambour, l'autre avec une espèce de guittare, marquent, par coups redoublés, la mesure à suivre. Cependant une des coryphées se porte en avant sur le lieu de la scène, qui est toujours un salon d'assemblée, et, mouvant ses reins, ses bras, sa tête, d'une manière très-lascive, elle fixe un personnage vers lequel elle s'avance, n'ayant pour voiler ses appas qu'une gaze légère qui, attachée à l'entour de ses reins, vient se porter sur sa tête, et souvent, tombant au milieu des sauts que fait la danseuse, laisse à découvert des formes séduisantes, que bientôt elle cache en relevant avec la plus fine coquetterie la portion qui s'est échappée. Une fois près de l'objet qui a fixé ses regards, elle s'agenouille devant lui, lui palpe les mains, les genoux, en lui adressant un couplet amoureux qu'elle improvise et chante aux sons d'une musique, que le maître du chant dispose de manière à répondre à l'intonation de l'air. On conçoit que, dans une grande assemblée où chacun a son couplet différemment modulé et entrecoupé de chœurs dont le chant varie, le spectacle doit se prolonger fort loin dans la nuit. « Ah ! combien de fois, continue notre voyageur, en montant prendre le frais sur le belvédère de la maison, au crépuscule du jour, mes oreilles n'ont-elles point été agréablement flattées par ce concours de voix et de sons mélodieux qui, sortant des maisons voisines, venaient mourir langoureusement à mon oreille, en nourrissant la mélancolie dont j'étais alors tant affecté ! » Cinq ans se passèrent à considérer tout, à prendre des notes sur tout ce qui s'offrait digne de remarque, non seulement dans la ville, mais encore dans les lieux circonvoisins. Tout étant épuisé, l'auteur se préparait à continuer son voyage à travers l'Inde, lorsque la guerre, à la démarche rapide et cruelle, vint porter ses ravages dans les contrées que le jeune philosophe avait intention de parcourir. Les Anglais soutenaient Ragobaw contre les Marattes de Pounah; les semences de dissension entre cette nation et la France se couvaient en Europe; tout chemin alors étant fermé par terre, l'auteur se disposait à s'embarquer pour Batavia, lorsque l'impatience et des chagrins domestiques allumèrent en lui une fièvre phrénétique qui, guérie, fut bientôt suivie d'une ophtalmie grave dont il eut à craindre les suites. Ce fut alors que notre voyageur se décida à profiter d'une occasion imprévue qui, le ramenant en France, le mit à même de terminer ses études en médecine. Tout réussit à ses souhaits sur ce point, et le premier acte public qui mit ses notions à découvert, fut la thèse qu'il composa et soutint à Rheims en 1779, sous ce titre : *An scorbuto acidum cretæ.* Les nuages qui, en Europe, avaient obscurci l'horison politique, commençaient à se dissiper; le jeune docteur, persistant dans son premier plan, se croyait fondé, d'après ses titres et ses notions, à faire la demande de la place de médecin, alors vacante au gouvernement de Pondichéry; *at me*, dit l'auteur, *lusit dolosus curtæque virtutis inspector qui provinciam medicam non semel privato habuit quæstui.* « Quand, dit Sénèque, nous errons çà et là sans ne prendre pour guide que les clameurs du vulgaire qui ne vante que trop souvent les biens dont il n'a pas la jouissance, et qui appèle l'homme crédule au loin, le temps se passe dans les méprises qui ne tournent à aucun avantage, quelqu'assiduité qu'on mette au travail. Il faut donc, continue cet auteur, décider d'abord où l'on veut aller et par quelle voie, non sans avoir écouté une personne expérimentée, qui connaisse bien tous les détours par où il faut aller pour arriver au but qu'on s'était proposé ». Ce passage bien médité dans les circonstances où le génie destructeur de la guerre prenait son essor pour planer sur l'Angleterre et la France, détermina l'auteur à rester en ses foyers. Il avait vingt-huit ans quand s'ouvrit aux Écoles de Paris une lice pour choisir parmi les athlètes celui qui, se distinguant dans les examens, mériterait la palme doctorale. Diest, dont la philantropie amène ici l'éloge, avait fondé le prix pour le plus instruit des prétendants, qui tous devaient être peu favorisés de la fortune, et répondre, six jours de suite en latin, aux questions et difficultés que pouvaient leur faire cinq examinateurs, au choix de la Faculté, juge du combat. Le jeune docteur entre dans l'arêne, satisfait aux demandes. Les jours d'épreuves allaient finir, quand un des intéressés souffla qu'il était un des protégés de la Société royale de Médecine (1). Le vent du Midi, en accourant sur

(1) Société présidée par Lassone, gouvernée par

nos contrées, ne charie pas plus promptement avec lui les principes morbifiques que ces mots, lâchés à dessein dans des oreilles crédules, ne répandit la conviction sur ce point. Bertrand, homme fougueux, qui interrogeait l'athlète, l'attaqua en lui demandant s'il fallait trépaner un Sociétaire pour le guérir d'une prétendue maladie qu'on appelait alors la gloriole. Interdit à une question de cette gentillesse, à laquelle le doyen aurait dû répondre, l'athlète gardait le silence, lorsqu'un membre de la nouvelle Société, indigné de la demande, s'écria : « Eh! quoi! on se jouera ainsi d'un combattant, dans une circonstance si importante à son sort! » Cette éruption d'une ame probe qu'excitait la justice, fut préjudiciable au répondant; elle donna lieu de croire aux juges que les soupçons étaient fondés. Au jour du jugement, il fut décidé que personne n'ayant répondu d'une manière à mériter

---

Vicq-d'Azir, et payée par le gouvernement pour travailler beaucoup, tout en se reposant bien. L'ancien corps des médecins, qui datait par siècles, voyait de fort mauvais œil cette éphémère aggrégation qui attentait à ses justes droits, et qui a tombé comme son aînée, sous l'ordre révolutionnaire qui alors amena le désordre en France.

les suffrages, la palme serait remise à une autre Licence. Le jeune docteur n'attendit point ce temps, ayant trouvé dans son coffre un supplément à son savoir. Huit jours après ce premier essai de ses forces, il se présenta à l'examen du Baccalauréat, et l'Ordre très-Salubre l'ayant déclaré capable, il fut inscrit au nombre des bacheliers. A peine la Licence fut-elle ouverte, que le nouveau reçu enseigna publiquement l'anatomie et la chirurgie dans les Écoles et sous les auspices de la Faculté, enseignement qu'il continua pendant ses deux années de Licence. Les savants étaient incertains sur la véritable nature de l'aliment qui passe de la mère à l'enfant, pendant les diverses époques de la grossesse; le bachelier entreprit de développer cette matière, qu'on trouve dans une thèse composée et soutenue par lui aux Écoles inférieures de Médecine, en 1780, ayant pour titre : *An ad fetûs nutritionem lac et sanguis.* Ayant mérité, dans le cours de sa Licence, le titre qui lui donnait une existence légale parmi ceux qui pratiquaient la médecine à Paris, le jeune docteur fixa son enseignement dans son école particulière. Il s'y appliquait avec zèle pour fournir dignement sa carrière, lorsqu'on parla avantageusement de lui à Choiseuil-Gouffier, alors nommé à l'ambassade de la Porte. Il écouta avec d'autant plus d'intérêt des propositions qui le remettaient dans de nouveaux voyages, que, considérant les vils moyens qui pouvaient alors conduire à la fortune, son ame élevée les rejetait tous. Ici reparaît le *dolosus homo*, qui, nouvel ardélion, le servit si bien, qu'il fut dispensé du soin de faire ses malles. Heureux celui qui, s'étant familiarisé de bonne heure avec l'étude, sait, au milieu des épines, y cueillir les fleurs qu'elle offre pour nous rendre plus agréable le chemin de la vie ! Ce fut à elle que notre docteur eut encore recours pour ne point être trompé dans les consolations qui lui étaient alors nécessaires. Les sources qu'il avait compulsées pour développer ses idées dans sa thèse sur la nutrition du fétus dans le sein de sa mère, l'ayant instruit sur toutes les circonstances relatives à cette importante fonction, il réunit et digéra ses matériaux pour en faire un corps de doctrine, qui fut publié en 1786, dans un ouvrage intitulé : *Du lait, considéré médicinalement sous ses différents aspects*, etc. Son érudition dans la langue anglaise l'ayant mis à même de connaître toutes les richesses médicales que recèle en elle la Grande-

Bretagne, il donna, comme traducteur, un échantillon de son savoir faire, qu'il publia, orné de notes, en 1787, sous ce titre : *Introduction méthodique à la théorie et à la pratique de la médecine, par David Macbride.* A cet ouvrage, succédèrent, 1°. une *dissertation du D. Fothergill,* extraite des *Observations et Recherches de médecine de Londres*; 2°. une traduction de l'*Anatomie des vaisseaux absorbants du corps humain de Cruikshank*; 3°. un ouvrage intitulé : *Avis au peuple sur les maladies qui exigent les plus prompts secours, et sur celles qui, avec les apparences les plus bénignes, n'en sont pas moins suivies de suites fâcheuses.* 4°. Bientôt suivit un autre avec ce titre : *Essai sur la théorie et la pratique des maladies vénériennes, par Nisbet*; ouvrage accompagné de notes et d'une préface dans laquelle le traducteur s'étend sur l'origine et les causes du virus syphillitique. En 1788, le D. A. Petit réalisa son projet d'établir deux chaires, l'une d'anatomie, et l'autre de chirurgie; il avait marqué à l'Ordre très-Salubre, à qui il laissa le droit de nomination, qu'il regarderait comme une faveur si, à mérite égal, notre docteur obtenait les suffrages. Le prétendant n'obtint point les suffrages, quoique peu de jours après on lui adjugeât la chaire temporaire destinée à l'enseignement de la chirurgie. Le docteur remplissait sa fonction en 1790, lorsque Louis, le secrétaire de l'Académie de chirurgie, l'appréciant plus que son corps, se reposa sur lui pour composer et publier la partie chirurgicale de l'Encyclopédie, dont il s'était chargé envers l'éditeur. La négligence de l'académicien fit tomber sur le jeune docteur ce travail, qui fut partagé entre M. Delaroche, médecin de Genève, et lui. Ceux qui liront cet ouvrage, y trouveront une théorie et une pratique établies sur les fondements les plus solides. Les auteurs, que leur érudition dans les langues vivantes de l'Europe, ont mis à même de puiser dans les bonnes sources, ont tellement enrichi leurs ouvrages des meilleurs matériaux, et éclairci leur doctrine par un très-grand nombre de planches qui offrent la partie instrumentale et pathologique, bien gravées, qu'on peut regarder ce travail comme le plus achevé qui ait paru en ce genre. Cet ouvrage, commencé à l'époque où une nation qui se relève d'un long assoupissement sous la servitude, remuait tout pour secouer la domination monarchique, continué au milieu des dissensions qu'amènent l'ambition, l'intérêt, le goût d'innovation, fut interrompu au moment où la République Française fut proclamée une et indivisible. Les étendards, qui flottaient alors sur toute la France, ne promettant plus à l'auteur cette douce tranquillité, qui, laissant à lui-même l'esprit, le tient dans l'état le plus convenable à la pensée, il quitta la capitale, emportant avec lui toutes ses richesses; c'est-à-dire, ses cartons, et, arrivant à Bordeaux qu'on lui offrait comme un séjour plus paisible, il y devint soldat. Pendant que le matin il donnait des leçons publiques sur la manière de réparer les maux physiques, que le fléau de la guerre répandait sur l'humanité, il allait apprendre, le soir, dans les lignes, le moyen d'aviver la rage qu'allumait alors la discorde de tout côté. Déjà il avait quatre fois interrogé le sort pour porter dans la Vendée les notions qu'il venait de recevoir dans son apprentissage; le sang de l'innocent se mêlait çà et là à celui du turbulent et du coupable dans les flots qui teignaient nos guérêts. La haine, la jalousie et toutes les viles passions humaines, se revêtant du masque du patriotisme, n'ayant plus à exercer leur fureur sur la noblesse, traînaient sur l'échafaud celui dont les richesses ou le savoir faisaient encore ombrage. C'est à cette époque où le sol d'Europe, se refusant à faire germer les notions de notre auteur, que, fatigué de toutes les contrariétés qu'il éprouvait, il monta un vaisseau américain, frété pour l'isle de France. Nous ne suivrons point le navigateur dans tout le détail des objets qui méritèrent son attention pendant la route qui, à travers les isles du Cap Verd, le conduit à la baie de la Praya, et de là à l'isle de France. Arrivé dans ce nouveau séjour, son premier soin, avant de se fixer, fut de le parcourir en philosophe. Au milieu de l'isle, il s'arrêtait à ces masses énormes de montagnes, effet d'une expansion enflammée, qui, sorties des entrailles de la terre, s'élevaient en mornes menaçant le ciel. Dans les contours, sur le rivage où venait s'amortir la colère d'une mer irritée, il admirait ces blocs de madrépores que se bâtissent sous les eaux des myriades d'architectes, avec des matériaux dont la solidité se rit des injures du temps. Çà et là il considérait à la surface les richesses que lui offrait une Flore si prodigue à l'égard de l'infatigable Commerson. Le temps destiné aux excursions allait expirer, déjà le vaisseau était sur le point de reparaître dans la haute mer, quand notre voyageur prit le parti d'attendre dans cette isle la fin des troubles qui l'avaient éloigné d'Europe. Dès-lors il unit à la pratique de sa profession le devoir militaire, que le danger commun exigeait de lui. Néanmoins, de temps à autre, il faisait diversion aux exercices pénibles de son nouveau genre de vie, en visitant les beaux lieux qui, par leur position et la fraîcheur de leur ombrage, excitaient en lui les plus douces sensations. Ne pouvant les décrire tous, agréables bocages de Pamplemousse, vous aurez sur les autres la préférence. Là au Nord de l'isle, dans une plaine qui avoisine la mer en deçà d'un bois qui brise la violence du vent du large, est une prairie que nourrit une rivière, dont différents ruisseaux viènent rafraîchir une pépinière étrangère qu'y ont acclimatée l'industrie et la persévérance. Çà et là, sous les regards paternels du cultivateur Céré, s'élèvent et prospèrent le dracæna, le muscadier, le canellier, le géroflier, l'anacardier, le camphrier, le sassafras, les arbres à pain, et tous ces végétaux élancés, dont l'enfance fut soignée par Poivre, qui, les ayant apportés des contrées lointaines où il avait été, les avait confiés au zèle du père qui pourvoit actuellement à leur subsistance. Toute l'isle était parcourue, toutes les notes étaient prises, un plus long séjour allait tourner au désavantage du voyageur, quand, profitant de l'occasion que lui offrait la frégate la Minerve, il la monta en nivose an IV, pour aller à l'isle de la Réunion, où il demeura un an. La première chose qui fixa son attention, fut la différence des mœurs que lui offrirent les habitants. Là, étranger à l'idée d'un autre séjour où il pourrait trouver le bonheur, le cultivateur, pour répondre à ses besoins, fait travailler le sol que lui ont laissé ses pères, et qu'il laissera pareillement à des enfants qu'il élève pour le remplacer. Son bonheur, il le trouve dans un verger qui lui offre les ananas, les mangues, les oranges et les citrons, pour le désaltérer; dans un champ où une végétation rapide lui accumule dans les racines du manioc, de diverses espèces de solanées, dans les graines de nombre de graminées, des principes farineux qui, travaillés par des organes digestifs en pleine activité, contribuent à la santé athlétique dont tout créole jouit; dans un ruisseau dont les eaux, après avoir arrosé l'héritage de ses aïeux et servi à tous les usages domestiques, forme aux confins un bassin où le soir il va rafraîchir ses membres fatigués des travaux du jour :

Felix, o nimium felix, sua si bona nôrit!

Notre voyageur, suivant ici le même plan qu'il avait tenu à l'isle de France, commença par visiter les régions du païs qu'il pouvait parcourir, et, profitant d'une pyrogue qui allait à S.-Paul, il longea de hautes montagnes dont le pied était battu par la mer qui venait y déferler ses vagues. « De temps à autre, dit-il, j'admirais les sites pittoresques qui venaient s'offrir à ma vue; les espaces prolongés qui, comme autant de fentes, formaient d'affreux précipices, d'où s'élèvent des arbres majestueux, sur le tronc desquels étaient empreintes les annales du temps. Ici, cachées dans des massifs d'arbres à large feuillage, au milieu des polypodes et des mousses verdoyantes, les Naïades de ces lieux sauvages versent, parmi des rochers de toute forme, leurs urnes dont les eaux çà et là font nappe en tombant de leurs canaux. Là, sur une montagne, elles prènent plaisir à réunir, dans un lit unique, le crystal d'une source fraîche, pour le conduire sur un sommet à pic, et, de là, le lancer en parabole dans l'onde salée qui était dessous. Tous les murs de ces lieux enchantés avaient leurs tapisseries tissues de buxbaume, de mnie, de polytric, de capillaire, qui toutes se mariaient de manière à mieux récréer la vue. De temps à autre, continue notre voyageur, détournant les yeux de ce beau tableau dont le coloris me ravissait, je les portais sur les richesses que me cachait, dans sa profondeur, le mobile crystal des eaux que faisait mouvoir l'effort de nos rames. J'y découvrais d'autant mieux ces nombreuses peuplades, à domicile fixe, qui varient la cour de Thétis, que le soleil, au commencement de sa course, dardait ses rayons jusqu'à leur habitation ». Que de jouissances pour l'homme instruit! que de moyens d'alimenter son ame d'une nourriture bien plus succulente que celle que savoure l'ignorance sous ses lambris dorés! Notre voyageur, arrivé chez les personnes à qui il était adressé, s'étend sur les charmes que lui offrit leur domicile. Notre regret, à mesure que les faits se présentent, est de ne pouvoir mettre entre eux cette liaison que demande une pleine narration. Voulant donner une idée de l'isle, pour mieux faire entendre ce qui pourra suivre: « Vous saurez, dit notre voyageur à son lecteur, que depuis le rivage jusqu'au centre, elle s'élève insensiblement par nombre de montagnes assises les unes sur les autres, séparées par des intervalles ou gorges plus ou moins étroites, souvent très-escarpées, et ainsi jusqu'aux Salasses qui s'élèvent à plus de 1400 toises au-dessus du niveau de la mer. Représentez-vous des vallons toujours obscurs par l'épaisseur de leurs ombrages, de vastes gouffres, des cavernes, des souterrains, et autres abîmes, indices d'un sol qui a éprouvé de grandes convulsions, et vous aurez l'idée de ce qu'on appèle le cœur de l'isle. Ceci mis en avant, vous saurez que la température de la région qui avoisine la mer jusqu'à deux lieues à peu près dans l'intérieur des terres, est très-chaude, diversifiée par quelques hautes montagnes, des côteaux, des vallées, où reste un air échauffé qui nuit beaucoup à la végétation. Dans cette région, se cultivent le café, le cotonnier, le maïs, le manioc, le bled, les cambares; croissent le jamrose, le latanier, le dattier, le bananier, le papayer, les manguiers, les attiers, les goyaviers, les bamboux, les raquettes, le tamarinier, le vacoa et autres arbres venus de l'Afrique et de l'Inde, où ils sont en pleine végétation. Dans la seconde région, s'élèvent les arbres indigènes, les oliviers sauvages, les bois de nattes à grandes et petites feuilles, les figuiers sauvages et les calumets. Tous ces arbres maigrissent à mesure qu'on avance dans la plus haute et dernière région, où l'on ne trouve plus que des buissons et des arbustes chétifs, dont la foliaison est arrêtée par le trop grand froid. Ici, en quelque lieu que la vue se repose, elle ne trouve que des indices d'une nature marâtre à l'égard de ses productions, et c'est ce que prouve le récit d'un voyage que fit l'auteur, au rempart St.-Paul, récit sur lequel nous regrettons de ne pouvoir entrer ici dans quelques détails. Les notes prises, l'herbier garni, on revint au lieu du mouillage, d'où peu de jours après l'observateur partit pour se fixer dans le canton Ste.-Marie, où le colon Béraud le logea. Sa maison était au bord de la mer, près d'une prairie arrosée d'une rivière, formant, avant de se jeter dans l'océan, un bassin que dominait un riant côteau à l'Est, une cotonnerie et un bois de manguiers à l'Ouest, ayant au Nord, la mer, dont la vaste étendue se perdait à l'horison. A peine s'y était-il établi, que le temps de l'hivernage se déclara avec la plus grande violence. Ici, quelle peine n'éprouvons-nous pas, dans l'impossibilité où nous sommes, de ne pouvoir suivre le narrateur dans la description qu'il fait d'une scène aussi pleine d'horribles beautés que celle qui se développa à ses yeux, pendant plusieurs jours. Cependant, comme dans la vie d'un protégé des Muses tout intéresse ceux qui se promènent dans leurs sacrés vallons, nous nous arrêterons à quelques faits relatifs à la manière dont notre voyageur employa huit mois qu'il passa dans cet agréable séjour, et, pour ne rien ôter au coloris de son tableau, nous aurons recours à son pinceau. « Là, dit-il, à l'abri de tous ces orages qui déployaient leurs fureurs en Europe, à peine le soleil dorait le sommet des plus hautes montagnes, qu'animé par une infusion amère de cette graine d'Arabie, qui fait la richesse de l'isle, je me promenais sous une feuillée près la mer, et, reportant mes pensées vers le souverain être, je le remerciais de ce que, dans le temps où nombre de malheureux étaient accablés sous le poids de la plus affreuse misère, dans les terres étrangères où ils allaient chercher la sécurité, il m'avait, au milieu des plus grands dangers, conduit dans une paisible retraite où je pusse, libre de toute fonction de guerre, accorder quelques moments aux Sœurs qui, partout, m'avaient offert leur appui. Revenant ensuite à la maison, je prenais la plume pour corriger, augmenter mes institutions de médecine (1), jusqu'à ce que

(1) Cet ouvrage commencé à l'époque où l'auteur

la cloche m'avertît du déjeûner de famille qui m'attendait chez le colon. Refait par cette première nourriture, je montais à cheval, et, suivant des champs de maïs, des cotonneries, tantôt dans des plaines, d'autres fois dans de profonds vallons, ou traversant des rivières pleines de roches, je gravissais ensuite le dos des montagnes escarpées, suivi de mon noir chargé de mes drogues et de ma trousse : j'allais ainsi, d'une habitation à l'autre, porter mon savoir et mes soins. Vers les deux heures, j'arrivais à la maison où, ayant satisfait mon appétit, je me rétablissais de la fatigue du corps par un léger sommeil. Au réveil, je reprenais le travail de la méditation, que je continuais jusqu'à ce que le soleil, se plongeant dans l'océan, je suivais son exemple, en me hasardant aux ondes qui se déferlaient sur le rivage. Par fois, gagnant un bosquet voisin, je descendais du rocher où j'avais donné carrière à mes rêveries, et, suivant le bord de la mer, j'examinais chaque production qu'elle amenait à mes pieds, pour fournir ma-

---

sortait de sa Licence, et approuvé par la corporation dont il était alors membre, après plusieurs rédactions, parut enfin l'an dernier. Voyez tout ce que les journaux ont dit en faveur d'un ouvrage de ce genre, qui manquait à la studieuse jeunesse.

tière à mes pensées. De temps à autre je faisais digression à mes profondes réflexions, en interrogeant les échos dans les gorges des remparts, avec cet instrument qu'inventa Pallas, et que bientôt elle rompit de colère, quand elle se fut apperçu combien, en en jouant, il dénaturait la beauté de ses traits. Je revenais ensuite au logis commun pour souper en famille, et terminer la journée par d'innocentes récréations ». Tel est le précis du récit que nous fait le voyageur de sa vie retirée. Tous les travaux de rédaction médicale étaient terminés, les matériaux propres à completter le Dictionnaire de chirurgie, étaient disposés pour la presse, on soupirait après le retour, et les occasions pour l'effectuer ne s'offraient point. Ce fut dans cette circonstance que, se desséchant d'impatience, le voyageur fut accueilli dans une famille distinguée, où son ame, alors oisive, trouva ce qui pouvait la refaire de l'ennui où le manque de travail d'esprit la laissait. Nous voici arrivés à une époque d'autant plus intéressante, que c'est d'elle que date l'origine du poème qui a rangé l'auteur dans la classe des littérateurs. Il parcourait la bibliothèque du maître de la maison, lorsqu'il tomba sur les Poésies érotiques de Parny, qui lui étaient inconnues ; et voilà qu'il sent courir dans ses veines ce feu qu'inspire la divinité à blonde chevelure, à ceux qui se promènent sur les riants côteaux du Pinde. Nécessité dès-lors à étancher sa soif, il suivit à la fontaine de Castalie, la belle Érato, empressée à lui être utile. Bientôt dès-lors distillèrent de sa plume les expressions de tendresse, qu'il puisa successivement dans les morceaux intitulés : *le Lendemain*, *le Délire*, *la Discrétion*, *la Frayeur*, *les Imprécations*, *les Projets de solitude* et autres, qui, sous elle, reçurent la teinte forte que devait leur donner le langage élégiaque des anciens. « Je serrais chaque morceau dans mon porte-feuille, dit notre auteur, à mesure que l'esquisse en était faite ; mais bientôt labourant dans mon propre champ pour y récolter une moisson dont on ne pût me disputer la propriété, je me trouvai assez riche en matériaux pour en former un ouvrage ». C'est ainsi que, parcourant différentes zones, notre voyageur sut remplir des moments qui sont souvent bien à charge à d'autres, dépourvus de tout esprit de méditation. La saison favorable pour aller au volcan était arrivée ; ce phénomène, qui avait attiré le voyageur dans l'isle, le sollicitait à se mettre en route. Tout étant disposé pour ce grand voyage, notre auteur le commença en longeant le Nord-Est de la côte, et, traversant successivement les riches cantons de Ste-Suzanne du Quartier-Français, il arriva à la rivière Dumas. Nous renvoyons le naturaliste à l'original, pour tout ce qui concerne les observations qu'il fit à l'égard du lit où coule cette rivière, comme à l'encaissement d'autres, dont il est parlé dans le cours de sa narration. Enfin il arriva chez le cultivateur Azéma, qui le reçut avec les sentiments de l'hospitalité la plus franche. Le tableau que fait l'auteur de son agréable habitation, nous semble si intéressant que, voulant le réaliser, nous emprunterons de sa palette les couleurs qui peuvent le faire valoir à notre lecteur. « Elle est, dit-il, entourée de cafiers et de manguiers ombrageant les côteaux qui la circonscrivent, et traversée par un bras de rivière qui en arrose presque tout le contour. Au devant de la maison, règne une plate-forme, que termine un parterre embelli de fleurs. Ici, sur la gauche, est une allée de mélèzes qui, mariant le sifflement de leur feuillage au murmure d'une chûte d'eau qui est au bout, invite au plus profond recueillement. De la gorge de deux montagnes presqu'à pic, s'élève de part et d'autre une épaisse forêt dont le corps, dans une trouée, laisse voir au loin une cascade qui, du haut d'une montagne, tombe avec un bruit sourd. La loquacité d'un ruisseau qui, détourné d'un bras principal, venait réunir ses eaux dans un long bassin au pied des mélèzes; le gémissement des feuilles effilées qui en garnissaient les branches balancées; le croassement des phaétons qui, au coucher du soleil, accouraient de la mer vers leurs nids, cachés dans les gorges des montagnes; le chant monotone des esclaves qui, libres du travail de la journée, venaient se refaire de leurs fatigues dans leurs cases; l'écho qui répétait au loin leurs langoureux accents, tout nourrissait, aux approches de la nuit, le sentiment de la plus morne tristesse ». Quand alors Apollon offre un pinceau, que l'Amour mélange les couleurs, comment se refuser à tracer dans une scène descriptive les émotions mélancoliques qu'on éprouve? C'est à cette circonstance que nous devons le monologue, où les tristes méditations sur une passion non satisfaite, se déployent avec toute l'énergie du sentiment. A mesure que nous avançons, se présentent des détails bien intéressants pour un botaniste qui, familiarisé avec le langage de Linnée, parcourrait là les détours qui ne sont connus qu'aux chasseurs et aux philosophes; pour un lithologiste qui chercherait à lire les annales des temps sur un bloc immense de pierre qu'il gravit. Nous renvoyons à l'original les curieux en ce genre, ainsi que pour la description de la belle cascade de la rivière des Roches, qui prête beaucoup au langage poétique. Nous transporterons notre lecteur sur le haut du côteau St-Benoît, où nous supposons le voyageur arrivé, et admirant au lever du soleil les richesses du canton. « O vous, dit-il avec exclamation, vous à qui la continuité d'un riant printemps pourrait plaire; qui seriez flattés des dons de l'odorante Flore, toujours humectés d'une fraîche rosée; que recréerait un verd gazon émaillé de toutes sortes de fleurs, voyagez dans cette riante contrée où la plupart du temps un ciel bienfaisant répand sur les habitants les effets de sa clémence ». Le voyageur, descendu chez le colon Huber, y reçut l'accueil qu'il attendait d'un homme à qui la culture des arbres à épices a fourni les moyens d'activer l'industrie insulaire. Le lendemain, dès l'aurore, le voyageur étant conduit à son verger situé à une lieue environ dans une gorge de montagnes, il eut occasion de voir, chemin faisant, de belles prairies émaillées de liserons à fleurs bleues, d'ipomea, et autres fleurs à jolies pétales. Défendus de toutes parts des menaces que, parfois, leur font les ouragans, les plants s'élèvent, dans ce réduit, sous la main soigneuse qui dirige convenablement leurs faibles troncs. Au milieu de tous ceux qui furent envoyés des isles Moluques, de la mer du Sud et de l'Inde, s'élance avec majesté le père de tous les gérofliers des deux isles. Apporté par Poivre, de son pays natal, sous forme de scion, il a aujourd'hui une tête verdoyante supérieure à celle des indigènes qui ont un port aussi majestueux. Il dut son salut, dans les adversités qu'éprouva son enfance, à un vieux noir, que le maître reconnaissant tira de l'esclavage pour le récompenser de son zèle. Le letchi au petit fruit juteux, l'hévi à la pomme savoureuse, et le mangostan, dont la pulpe délicieuse est bien digne du palais des dieux, mêlaient leur ombrage au sien. Il ne manquerait rien à cette agréable retraite, si l'on y eût amené une veine d'eau, qu'on pouvait prendre d'un prochain ravin. Transportons actuellement notre lecteur vers le Sud-Ouest de l'isle, en lui faisant faire ce qu'on appèle le voyage du milieu. Comme nous ne connaissons aucune relation d'une pareille excursion, nous suivrons, autant qu'il nous sera possible, l'auteur dans son récit. Il est un chemin qui, pratiqué de St-Benoît à la rivière d'Abord, s'élève par une suite de montagnes disposées les unes sur les autres comme par étages, et ayant traversé la partie la plus haute et la plus sauvage de l'isle, descend de la même manière pour arriver par un côteau cultivé au bord de la mer; c'est celui que prit l'auteur à la pointe du jour par un très-beau temps. Plus il avançait, plus il admirait l'industrie de l'insulaire dans la disposition de ses jeunes plants de canelliers, de gérofliers et de muscadiers, au milieu de compartiments pallissadés de jamroses, qui les préservaient de la trop grande violence du vent; dans l'alignement d'un genre d'acacia, qui, étendant ses branches et les engageant avec celles de ses voisins, formait un ombrage favorable aux pieds des cafiers, qui croissaient au-dessous plus vigoureusement. La région de la culture passée, vint s'offrir une épaisse forêt, où élançaient leurs cîmes le tacamahaca, les bois de natte à dentelle. Sur le bord du chemin que tapissait un verd gazon émaillé de quelques fleurs, formaient groupe, de distance en distance, des citronniers, dont plusieurs fruits de l'or le plus beau, contrastaient avec le verd foncé du feuillage et avec le blanc des bouquets de fleurs qui, sur les mêmes branches, exhalaient l'odeur la plus suave. Montant toujours par un chemin contourné, et ayant dépassé un immense cratère de volcan éteint, il arriva à la ravine sèche, qui est au pied d'une montagne très-escarpée. Ici, les difficultés du chemin augmentent à chaque pas qu'on fait. Quelque soigneuse que se soit montrée l'industrie coloniale pour les surmonter par une main d'œuvre qu'on ne connaît que dans cette isle, il est des endroits qu'on ne gravit qu'avec la plus grande peine. Mais si celle-ci augmente à chaque pas, on en est amplement dédommagé par les points de vue qui changent continuellement, à mesure qu'on avance. Ayant dépassé plusieurs montagnes, notre voyageur vint faire halte avec sa suite dans le premier aioupa. C'est ainsi qu'en langage malgache, on désigne ce que les Européens appèlent paillotes. Ce sont de petites huttes, faites de feuilles de palmistes (1),

(1) *Palma altissima, non spinosa, fructu pruniformi, minore, racemoso, sparso.* SLOANE. Ce palmier est très-commun dans les hauts de cette isle. C'est celui dont les feuilles, non encore développées, donnent un

retenues et liées ensemble par des pieus fichés en terre. Elles sont toujours au pied de quelques montagnes, au bord d'un ruisseau, et ombragées dans le bas par des pêchers qui portent un assez bon fruit. On les trouve, de distance en distance, pour mettre le voyageur à l'abri des pluies froides qui, dans les hautes régions, tombent à verse au moment où l'on s'y attend le moins. La retraite est disposée de manière à offrir un asyle au maître, aux noirs et aux chevaux. Chaque passant attise le feu que lui a laissé son devancier, pour le sécher s'il a éprouvé une ondée, et que celui-ci recouvre à son tour pour son successeur, au cas qu'il en ait besoin. C'est dans cette région que rodent les noirs marrons qui, fatigués du joug sous lequel ils sont dans le bas de l'isle, vivent en pleine liberté dans les réduits des montagnes, d'où ils descendent la nuit pour piller les champs et les vergers. De temps à autre, on va à leur chasse comme à celle des fouquets et des cabrils ; autrefois on portait la cruauté au point de leur couper une main, qu'on rapportait en triomphe à la maison. Tout en par-

---

mets délicieux, le chou palmiste, mais toujours au détriment de l'arbre qu'il faut abattre pour se le procurer.

lant des charmes que lui offrit l'habitation Laboucherie, au quartier St-Benoît, l'auteur parle d'un tableau qu'il vit dans une salle à manger, où l'un des ancêtres créoles était peint, tenant un paquet de mains de noirs, indice de ses prouesses en ce genre de chasse. Ces noirs fugitifs, en général mauvais sujets, n'attaquent jamais les blancs, qu'ils craignent, mais bien les noirs qui font le service d'un bord de l'isle à l'autre; ils enlèvent les négresses, souvent débauchent ceux qui les écoutent, et ainsi nuisent beaucoup à la tranquillité des propriétaires. L'auteur, reprenant l'histoire de sa route, dit qu'il la continua en suivant un chemin bordé de l'arbre de fougère, où ce criptogame étend, du haut de son tronc, des branches en ombelles, dont le port majestueux surprend l'Européen qui ne connaît que l'espèce de nos forêts. Déjà il avait à ses pieds nombre de montagnes qu'il avait gravies, lorsque, se retournant, il vit vers l'Orient, sur sa droite, la vaste plaine des palmistes, ainsi appelée à raison de la prodigieuse quantité de ces arbres qui, non seulement y croissent, mais même encore couronnent les plus hautes montagnes de cette région. Du rivage s'étendait au loin la vaste mer, dont l'azur faiblissait en mariant sa couleur avec celle du ciel pur et sans nuages, qui la touchait à l'horison. Sur la gauche, s'élevait un amphithéâtre de montagnes qui, filles du temps, offraient tous les indices propres à caractériser leur longévité. Dans leur enfoncement, se faisaient entendre des chûtes d'eau, dont le rauque murmure se répétait dans quelques parties de la forêt. Aux pieds du voyageur, parmi la verdure qu'il foulait, des fraisiers et des framboisiers, venus de la Chine, dont il avait souvent peine à se débarrasser, lui offraient leurs fruits et leurs fleurs. Néanmoins, cette scène eût été morne, si, de temps à autre, le gazouillement de quelques oiseaux, le croassement des fouquets, le bêlement de quelques chèvres sauvages, ne l'eussent avivé. La onzième heure approchait; déjà il appercevait la dernière montagne à gravir, lorsqu'à un détour du chemin, s'offrirent à lui deux créoles, au teint brun, aux pieds nus, aux longues culottes bleues, au large chapeau rabattu sur les oreilles, la pipe en bouche et le flacon d'arrack à la ceinture. Une rencontre si imprévue, fut pour chacun un objet de la plus agréable diversion; on se questionna de part et d'autre sur le temps des régions à parcourir; tout fut en faveur des arrivants, et défavorable à celui qui était intéressé à avoir un meilleur présage. En effet, au sortir de la dernière gorge, l'horison et bientôt le zénith commencèrent tellement à s'obscurcir, qu'en arrivant à la plaine des Cafres, le voyageur se trouva dans un brouillard fort épais. Cette plaine, qui a environ cinq milles de traversée, a été ainsi dénommée parce qu'elle était le repaire des premiers Cafres qui maronnèrent. C'est un vaste plateau, sur qui s'élèvent quelques monticules, dans l'éloignement desquels sort le sommet des Salasses, qui sont les plus hautes montagnes de l'isle. Là, croissent çà et là quelques gramens secs, plusieurs espèces de bruyères; près des mares l'ophris, l'osmonde, la lonkite, une conize à fleurs blanches, et autres plantes maigres, seuls individus qui peuplent cette froide zône, où la végétation est lente en tout temps, sur tout lors des frimas qui la couvrent en hiver. Le voyageur commençait à peine à traverser cette plaine, que le brouillard, s'épaississant de plus en plus, finit par une pluie si froide que lui et sa suite en tremblaient de tous leurs membres. Bientôt heureusement vint s'offrir un des aioupas dressé au bas du piton Villers, du côté occidental de l'isle. Il y trouva du feu et des branches de bois sec; le cheval, mis dans la partie du logement qui l'attendait, le maître et les noirs mangèrent à la même table les provisions de voyage; et les vêtements étant secs autant qu'ils pouvaient l'être, on reprit la même route que le soleil, qui allait se plonger dans la mer. Chemin faisant, notre voyageur considérait avec surprise les orties qui annuelles en nos contrées, là forment un tronc ligneux très-élevé, qui se couronne de branches garnies d'un large feuillage; ces passiflores à fleurs étoffées de diverses couleurs, ces poivriers sauvages, ces lianes à larges feuilles, dont quelques individus, notamment le bois de fougue, étreignant les troncs d'arbres qui les alimentent, finissent, dans leur ingratitude, par faire périr leur bienfaiteur, en substituant de nouveaux troncs et de nouveaux feuillages aux anciens qui pourrissent d'inanition. N'aurait-on qu'effleuré la science, comment ne pas nourrir des sentiments de tendresse pour une Flore qui regarde avec tant de faveur les brillants enfants qui forment ici sa suite? Une large avenue, dont les arbres élancés souvent faisaient voûte, amena le voyageur à la région des citronniers, lorsque le crépuscule annonçait l'arrivée de la nuit la plus sombre. A peine fut-elle dépassée, qu'il tomba sur un aqueduc fait à grands frais, par le cultivateur Nérac, pour amener, d'une source éloignée, l'eau dans son habitation, qui est une des premières qu'on trouve sur la droite, en quittant la région boisée. L'obscurité était déjà assez grande pour que le voyageur s'égarât dans les chemins qui commençaient à s'offrir à lui, lorsqu'il entendit des voix concordantes qui, dans un langage malgache, s'accordaient à une sorte de guittare, et formaient des accents bien propres à nourrir les idées les plus gaies. C'étaient celles de quelques noirs d'une habitation voisine, qui, gagnant leurs cases, raccourcissaient leur chemin par le charme d'un chant amoureux. Et ces philantropes, dont les sentiments d'humanité sont cause de l'effusion du sang qui a imbibé le sol de nos colonies en Amérique; qui ont mis les torches et le fer dans des mains féroces qui n'attendaient que le moment pour faire voir jusqu'où pouvait s'étendre leur cruauté réprimée; qui ont réduit à la plus triste misère ceux qui ont fui; qui sont cause, au moment où nous écrivons, que, peut-être, le sang français ruissèle encore, versé par les mains de la rage; ces philantropes, en se roulant voluptueusement dans les flots d'une nouvelle aisance, soutiendront que ceux qui sont en servitude, ne peuvent avoir un réel bonheur sous des maîtres à qui retourne le produit de leur industrie! Mais revenons à notre voyageur; il entra chez le colon Nérac, où il fut accueilli avec la cordialité qu'on avait encore avant que des principes d'égalité, mal raisonnés, ne vinssent mettre le trouble dans l'isle. Quinze jours de résidence dans le canton, le mirent en état de bien connaître tout ce qui pouvait piquer sa curiosité. Ici, nous passons beaucoup de sa narration, autrement, allant dans la profondeur de la rivière St.-Étienne, jusqu'au pied des Salasses, il faudrait nous arrêter à chaque pas pour considérer les naïades, qui empruntent, des paisibles bassins que forme le lit débordé de la rivière, l'humide nécessaire pour aviver leur couleur et embellir leurs charmes; là, philosopher sur ces lits successifs de laves s'élevant à pic à plus de cent toises du sol où ils naissent, examiner leurs lits produits par des explosions successives de volcans, et l'apposition sur elles d'un genre de poudingue qu'y ont amené diverses inondations, dont l'époque et la durée se perdent dans l'antiquité des temps. Il faudrait encore nous promener avec lui au lever et au coucher du soleil, sur le bord de la mer, pour y découvrir les phénomènes de vie qu'offrent ces oursins, ces lithophytes, ces corallines, ces divers coquillages, plus propres à nourrir l'attention du naturaliste, que celle de l'indolent qui n'a aucune idée des brillantes richesses de la nature. Il faudrait, longeant ensuite le rivage, nous arrêter à cette anse dont il fait une si agréable description; le suivre dans cette grotte toujours humide de l'eau qui découle de son ciel; considérer ses murs façonnés par la main du hasard, où brillent la zéolithe, le shorl, la chrisolithe, les diverses mousses qui, çà et là, y mêlent leur verd tendre, surtout ne point oublier la perspective que forme le bassin dont les eaux, se réunissant, vont passer au loin entre deux massifs de rochers, à travers l'écartement desquels se laisse voir la pleine mer; puis, continuant l'excursion, parler de ce rivage rocailleux, variant ses couleurs, depuis le rouge-clair jusqu'au brun le plus obscur; de ces vastes plateaux que Flore n'a jamais couverts de la moindre verdure depuis l'époque antique de leur formation; de ces larges avances qui, minées en dessous par la mer qui les bat, laissent échapper, par les ouvertures dont elles sont çà et là percées, l'eau que le flux y pousse à coups réitérés, et de nombre de jeux de la nature, qui prouvent combien souvent cette bonne mère est capricieuse dans ses productions, quand elle sort de l'ordre auquel elle s'est astreinte dans leur formation. Bientôt, suivant le voyageur vers le Nord-Ouest, nous serions conduits à travers des vastes champs de maïs, de bleds, où jamais ne se voyent le coquelicot, la nielle ni le bleuet; et, arrivant au bord de la mer, nous nous étonnerions avec lui du luxe d'architecture que développe le château du Gol, propriété de l'ancien gouverneur Desforges; mais les bornes que nous nous sommes imposées nous forcent à renvoyer le lecteur curieux à l'original. La fêté qu'on préparait au voyageur fut différée jusqu'à son départ; elle se donna par un très-beau jour, à la lisière de la forêt qui occupe la seconde région de l'isle. Là le maître, à deux milles de son habitation, a fait construire une petite métairie où sont nourris les animaux de basse-cour, qui profitent mieux à cette hauteur que vers le rivage. La journée fut toute donnée au plaisir, et pendant que chacun en cela suivait son goût, notre voyageur parcourait les bocages, les allées et les petits réduits qui indiquaient dans le maître un goût pour le jardinage, dont il avait pris les principes dans un long séjour en Angleterre. « J'admirais, dit l'auteur, le cours des eaux qui venaient fertiliser ce joli lieu, et qui, rassemblées avec art, étaient conduites dans l'habitation du bas; le potager au milieu d'un bois de haute futaie qui, l'ombrageant, favorisait la maturation des melons, des concombres, des choux-fleurs et autres herbages et fruits destinés au service de la table. Mais ce qui me récréait encore plus dans cette saison où les halliers offraient un aspect que rendait agréable la diversité de leurs fleurs et de leur feuillage, étaient les suaves émanations que laissaient échapper les citronniers, les orangers, le maugris et le myrte, dont le lieu était rempli. Un voyageur en route ne doit regarder un accueil que comme une diversion aux fatigues passées, et un moyen de reprendre des forces pour mieux supporter celles qui pourront s'offrir. Le nôtre pensait ainsi quand il se remit en route pour visiter le volcan, but principal de son arrivée en l'isle. C'est ici qu'il faudrait que le lecteur s'armât de patience si, le reportant encore par le milieu de l'isle, nous le faisions voyager à travers des déserts, des plateaux nus, un sol souvent mouvant sous les pieds, pour l'amener à ce qu'on appèle l'encaissement; que, le faisant descendre cet abyme, nous le forcions à gravir avec sueur au monticule où ses yeux se repaîtraient du plus majestueux spectacle dont puisse jouir l'homme qui voit de sang-froid les grandes convulsions de la nature; si, le mettant de compagnie avec notre intrépide piéton, nous lui faisions approcher le plus près possible du cratère, qui vomissait alors beaucoup de flammes et des matières. Mais comme de pareils détails ne sont point de nature à remplir ici la place que nous pourrions leur donner, nous renvoyons à l'original, où les amateurs en ce genre verront, dans deux gravures, ce que celui-ci offre d'intéressant. Le voyageur n'avait plus rien à noter sur le lieu de la scène qui, pendant deux jours, avait fixé son attention, lorsque le matin il se mit en route pour arriver à la partie de l'isle qu'on nomme les Cascades. Il lui fallut faire six milles sur une plage qui semblait récemment sortie des forges de Vulcain. « Là, dit-il, je trouvai une matière de couleur cendrée, dans laquelle semblaient être incrustés nombre de grains de chrysolithe, qui m'offraient les diverses nuances de l'or passant à l'état d'oxydation. Le sol était hérissé de masses tellement informes, que par tout se présentaient des fentes, des crevasses, plus loin, de larges ouvertures, des cavernes souterraines, des précipices, des avances qu'il fallait gravir, sauter ou descendre, souvent avec du danger. Jamais nature ne s'était offerte à moi sous un plus triste aspect; aucune mousse, aucun gramen, qui récréât ma vue par le plus petit indice de vie. Aucun habitant dans l'air, aucun insecte sur cette terre inhospitalière. Eh! comment aurais-je pu observer quelques phénomènes de vitalité sur un sol aussi vierge? L'organisme animal suppose, pour les êtres de cette nature, qui vivent sur la terre, une végétation qui la précède, comme celle-ci suppose une solution de l'écorce de la terre qui, prenant le caractère de l'humus, devient propre à la végétation. Or, ici dans l'état de vitrification récente où est le sol, rien ne se dissout, du moins dans l'espace des temps que comporte la vie humaine ». Notre lecteur trouvera bon que, lui ayant fait passer cet affreux désert, nous le conduisions sur une langue d'un sable fin, où nos piétons rafraîchirent leurs talons écorchés, dans les ondes de la mer qui se déferlaient sur le rivage. Au bout de cette langue, s'élevait à pic un rempart fort haut qu'il leur fallut escalader, se soulevant souvent à l'aide des racines et des avances. Aussitôt on se trouva dans une antique forêt qu'on nomme le Bois-Blanc, au bout de laquelle, sur le bord de la mer, est l'habitation du colon Muller, où le voyageur arriva le soir, trempé de la pluie qui continua tout le lendemain. Comme le volcan offre le plus bel aspect par un pareil temps, le colon, entre deux ondées, conduisit son hôte, au coucher du soleil, à une montagne qu'on appèle le Piton-Rouge, à raison du sol mobile et ochracé comme serait du machefer grossièrement pulvérisé. A peine eut-il monté un coteau rapide par une avenue de superbes houatiers, que le piton leur parut tout éclairé par la réverbération de la flamme. Une fois parvenu au sommet du piton, il vit, en regardant le volcan, des flammes brillantes qui s'élevaient de son ancien cratère, en variant leurs projections. Quant au nouveau, il en vit sortir une lave d'un rouge blanc, qui, à mesure qu'elle s'éloignait, prenait une teinte plus obscure. « Tout le pays voisin, dit l'auteur, était éclairé d'une lumière tellement vive, qu'à quatre lieues environ de distance où j'étais, je pouvais lire un assez petit caractère. » Notre voyageur reprit sa route par ce qu'on appèle l'ancien Brulé. C'est un plateau de plus de trois lieues, qui offre de larges surfaces nues et aussi dures que de la fonte, dont elles offrent assez l'apparence; d'autres où végètent quelques plantes cryptogames dans les fentes et fondrières, et de côté et d'autre quelques chétifs arbustes, jusqu'à ce que le terrain devenant meilleur aux environs du quai la Rose, sa surface soit en pleine végétation. C'est dans cette partie de l'isle, jusqu'à Ste-Marie, que vièment les plus beaux letchis, les plus grosses vangassaies, et autres fruits qui demandent de la pluie pour leur entière maturation; que les haies sont le mieux fournies de rosiers, de grenadiers, d'orangers; que les plantations d'arbres à épices varient en beau leurs feuillages, et exhalant leurs odeurs, embaument l'air de ce canton. Enfin, le voyageur ayant traversé la rivière de l'Est, si fameuse par la rapidité de son courant, et les accidents dont sont souvent victimes ceux qui la passent à contre-temps, il arriva à St-Benoît, où il trouva son cheval et ses noirs qui avaient traversé le chemin ordinaire du milieu de l'isle. Il congédia ceux qu'il devait à la bienveillance du colon Nérac, et reprenant sa route pour arriver à S.-Denis, il y fixa son domicile au pied des montagnes, près le jardin public. Déjà quatre mois s'étaient écoulés à retoucher ses ouvrages de médecine, à répondre aux soins que demandaient de lui ceux dont il avait mérité la confiance, à se récréer de sa vie laborieuse, par quelques morceaux de poésie qui devaient faire suite à ceux qu'il avait déjà en porte-feuille, lorsqu'on lui annonça le retour du capitaine Lewis à l'isle de France. Notre voyageur se met aussitôt en mer pour l'isle; il obtient son passage de son ami; et tout étant disposé pour un voyage aux grandes Indes, on lève l'ancre au mois d'avril 1796, pour ces régions que le Camoëns décrit d'une manière si sublime. On passe le canal des Neuf, entre les Lacquedives et les Maldives, pour venir reconnaître Cochin; puis, longeant la côte jusqu'au cap Comorin, on va le long de cette fameuse Tapobrane des anciens, si célèbre par la pêche des perles qui a lieu dans son détroit, et son commerce en canelle et ivoire. C'est dans ces parages que l'auteur dit avoir fait une perte qui pesa long-temps sur son cœur; celle d'une petite perruche qui, depuis dix ans, était sa compagne fidèle, répétait son nom du moment qu'il paraissait et partageait toutes ses innocentes caresses. Catulle éternisa l'oiseau de Lesbie ; puisse la rendre à jamais mémorable, le morceau du poème de l'auteur, où ses gentillesses ont leur développement ! C'est en plaignant son triste sort que, longeant l'isle et la côte, arriva notre voyageur à Pondichéri. Pondichéri ! Ce n'est plus cette ville brillante où, sous le titre de Nabab, Duplex, avec un faste oriental, appuyait la puissance française et lui donnait même une supériorité sur celle dont jouissent aujourd'hui les fiers habitants d'Albion ; où l'industrie des indigènes était nourrie par le commerce florissant qu'y faisait la compagnie, dont les vaisseaux s'en retournaient chargés de toutes les richesses commerciales de l'Inde. Ouverte de tout côté sur la vaste plaine d'où elle s'élève avec encore quelques restes de son ancienne splendeur, elle était récemment tombée sous la domination anglaise, et par les ruines de ses fortifications et autres ouvrages de défense, elle donnait à penser que ses beaux jours ne reviendraient plus. Pendant le séjour que notre voyageur y fit, tout fut examiné, tout fut parcouru. La ville Noire, dont les maisons sont faites de bambous et revêtues d'un ciment de terre impénétrable à l'eau ; la ville Blanche, dont les vastes rues bien alignées en imposent par leur régularité et la plupart des maisons si artistement stukées en différentes couleurs, qu'on dirait des palais de marbre ; mais des palais où, alors, l'indigence faisait son séjour ; la grande Pagode, modèle curieux d'architecture indienne, dont les matériaux sont une brique faite sur le lieu même, avec la terre enlevée du sol qui soutient l'édifice, et converti en lui par la cuisson, la manœuvre et l'industrie ; tout fut un objet d'attention et de remarques. Dans les excursions botaniques qu'il faisait de grand matin ou le soir, à raison de l'excessive chaleur du climat, il considérait l'art avec lequel les indigènes cultivent le riz, leur nourriture foncière ; il s'arrêtait sur le brome, l'élyme, le fléau, l'hibiscus de Chine, le négundo, l'euphorbe à feuilles de nérium, sur les divers opuntias, le gingembre, les amaranthes, la dioscorée, le stramonium et le riccin en arbre, qui tous croissent vigoureusement en pleine terre. Vers la nuit, le botaniste venait se refaire de ses fatigues chez le naturaliste Sonnerat, qu'il avait connu dans son premier voyage de l'Inde ; et la conversation mise en jeu, roulait plus sur la politique admirable de la nature que sur celle des hommes, souvent si astucieuse. Notre voyageur remonte son vaisseau, longe la côte, admire sur le rivage, les pagodes élevées du milieu des massifs de palmiers qui en font valoir la majesté, les hydres ou serpents qui de leurs plis tortueux accélèrent leur marche sinueuse sur l'arrière du vaisseau, dont ils suivent le sillage. Il considérait comment, sous un ciel pur, le soleil en se couchant, formait un bel effet à travers le sommet des arbres qui ornent le côteau de St-Thomé, lorsque déjà on jetait l'ancre dans la grande rade de Madras, au milieu de quelques frégates et cutters. Ici, encore une ville Noire et une ville Blanche. L'orgueil des européens, dans les lieux de leur pleine domination, n'a pas souffert une résidence commune avec ceux dont l'industrie fournissait à leur cupidité. Relégués dans les lieux les moins agréables, ceux-ci vivent du produit de leurs sueurs, pendant que les autres jouissent, dans leur molle et souvent injuste opulence, des richesses que leur procurent leurs exactions. Partout et en tout temps, le fort exercera une injuste domination sur le faible. Cette ville Noire est séparée de l'autre, où se trouve le Fort, par une très-grande place en partie sabloneuse et en partie couverte de gazon. C'est là que travaillent les Arméniens, les Bengalis, les Juifs, les Hindous, et autres personnes de toutes les nations, dont le concours des vaisseaux active les moyens. A son arrivée, le voyageur trouva à la campagne une malade qui le reçut chez elle, et le fit jouir de tous les agréments d'une franche commensalité que pouvaient mériter les conseils dont il la payait en retour. Le matin, un cheval arabe que lui prêtait l'époux; le soir, un palanquin, une voiture au choix du voyageur; une table splendide, grande société, diners d'invitation; que faut-il de plus pour passer agréablement le temps d'un mouillage? Mais tous ces plaisirs ne valaient pas les thés du D. Anderson dans sa campagne, où il cultive avec tant de succès différentes branches d'économie rurale. C'est dans ses possessions que notre voyageur vit diverses plantations d'opuntias destinées à élever des essaims des cochenilles, dont il a su faire produire les espèces qu'il s'est procurées du Mexique (1); des pépinières de mûriers venus du Nord et

(1) Notre voyageur en a apporté avec lui quelques essaims, qu'il a remis au naturaliste Macé, à son retour de l'isle de France. Ils y ont si bien profité, que

propre à nourrir les vers à soie, dont les coccons sont d'un si bon rapport à la compagnie; qu'il admira son génie inventif dans nombre de machines propres à faciliter le travail de la main d'œuvre dans divers travaux du filage et du dévidage ; qu'il vit dans leur enfance nombre de surgeons précieux pris dans tous les lieux où, depuis la guerre, les Anglais avaient porté leurs armes victorieuses. Si nous étions moins serrés par les bornes qui nous arrêtent, nous suivrions l'auteur à son voyage du Mont, à St-Thomé; nous offririons quelques circonstances de celles dont il nourrit sa narration tant sur la campagne que sur la ville; mais comme ici il s'agit moins d'un voyage que de faits relatifs au voyageur, nous embarquerons notre lecteur avec lui pour le ramener, après une relâche faite à l'isle de France, aux États-Unis d'Amérique. A peine le vaisseau était sous voile, qu'un coup de vent le chassa vers les brasses

---

tous les opuntias des deux isles en ont été rongés et détruits. On aurait pu tirer un meilleur parti de cette importation, si l'avidité du succés eût moins dominé, et qu'on eût pris des précautions dans l'établissement de ce nouveau genre d'industrie.

du Gange ; enfin, après huit jours de tempête, le vaisseau reprit sa route. Que de sujets d'attention n'offriraient pas les plaines de Neptune, si, s'exposant sur une nacelle à tous les hazards, on pouvait en parcourir la surface aussi facilement que quand on est sur un étang ! Là, sur une roche isolée, on étendrait la main à un beau fucus, pour en considérer la forme et les couleurs. On examinerait la manière dont vivent tacitement dans leurs propres demeures, au milieu de leur élément, ces animaux si variés qui, vils par eux-mêmes, forment cependant ces coquilles brillantes, ces lithophytes si bien colorés, repaissant l'ignorante curiosité du vulgaire qui les considère sous leurs beaux dehors, quand ils sont préparés. On verrait dans leurs démarches lentes, ces têtes de Méduses, ces galères légères faisant force de voiles aux approches des tempêtes, ces sèches aux cent bras, qui, pour se soustraire à leurs ennemis, teignent de leur encre l'eau qui les environne. Ici, on jèterait un hameçon à des milliers de poissons dont les formes et la couleur fixent l'attention. Vains ressouvenirs ! on ne trouve guères de capitaines naturalistes ; les armateurs le sont encore moins ; conséquemment, lorsqu'un vaisseau est à pleine voile, il faut que le philosophe, comme un autre Tantale, vive de privations au milieu des parages où il pourrait souvent étancher sa soif. Mais, si notre voyageur ne put obtenir cette excursion desirée pour dissiper son ennui, il s'en dédommagea par celle qu'il fit en imagination sur les verts côteaux du Pinde. Il en goûtait toutes les délices, lorsqu'il fut assailli par la plus cruelle tempête, vers le canal de Bahama. Battus par une mer horrible, avec vent contraire, au milieu d'un hiver que les pluies, les neiges et les gelées rendaient un des plus rigoureux, sans eau, sans vivres, c'est ainsi que pendant un mois et demi les navigatenrs furent le jouet d'un violent vent d'Ouest, depuis la latitude de la baie Chésapeak jusqu'à celle de Boston, où ils louvoyaient. Un triste naufrage sur les rochers de Nantucket allait terminer au point du jour cette affreuse misère, et déjà chacun pensait à son salut, quand heureusement le second prenant sur soi le commandement du navire, le sauva d'un danger que l'impossibilité de prendre hauteur depuis longtemps n'avait pu faire prévoir. Enfin, un éclairci qui vint à propos, fit découvrir Long-Island, qu'on longea pour venir au milieu des glaces mouiller à New-Port. On s'imagine bien la satisfaction avec laquelle le voyageur quitta sa maison flottante ; aussitôt il loua un traîneau pour aller par la Providence à Boston. Ici se trouvent beaucoup de détails sur cette ville commerçante qui joua un si grand rôle dans la guerre de la liberté, sur son collège de Cambridge qui en est à quatre milles, les professeurs qui y donnent leurs leçons, détails sur lesquels nous n'entrerons point. N'ayant aucun espoir en cette ville pour un embarquement prochain, l'auteur se mit en route sur un traîneau pour Philadelphie, traversant au milieu des glaces et des neiges, ces vastes champs où combattirent autrefois avec gloire les Français et les Insurgés, contre les Anglais qui éprouvèrent partout une défection. Enfin il voit la belle ville où Pen acheta avec les champs, l'espoir de mettre à couvert les siens des troubles que leur occasionnait dans leur pays leur différence d'opinions religieuses. Le premier soin qu'il prit fut celui de sa santé qui avait beaucoup souffert du passage subit des zones torrides, d'où il venait, aux zones glaciales, où il se trouvait. Son rétablissement lui permettant de se livrer aux recherches que lui offraient les circonstances, il y employa tous ses moments. Occupé le matin, il polissait ses Institutions de médecine, corrigeait et augmentait ses morceaux de poésie; à midi il se rendait au *State's-House*, pour y entendre les débats sur les affaires politiques. Après le dîner, il allait à la bibliothèque publique pour y faire ses recherches et emporter ses matériaux pour le travail du matin. Souvent les belles tragédies de Shakespear ou de Congrève l'appelaient au théâtre dramatique, où il voyait et entendait exprimer en gestes et en paroles les chefs-d'œuvres de ces auteurs dont, par la lecture, il avait pris connaissance la veille. Le dimanche il se rendait aux temples des diverses croyances, pour y entendre les prédicateurs, et ainsi se perfectionner dans l'élocution de la langue anglaise. Les hopitaux et les hospices qui sont tous administrés par des Quackers, méritèrent une attention particulière, comme on le peut croire, d'une personne de sa profession. La connaissance qu'il fit de plusieurs familles de cette secte, le mit à même de la bien connaître et d'en donner quelques notions qu'on trouve dans le Magasin Encyclopédique, année VIII. Il reçut de l'administrateur Caleb-Lownes, tous les détails qu'il lui importait de savoir sur les prisons de cette ville; établissement que tout philantrope déplore ne point voir se réaliser parmi nous. Épris de ses avantages, le voyageur obtint de lui un mémoire avec un apperçu où se trouve tout ce qui a rapport à la dépense et au bénéfice (1). Nous passerons sur cette ville comme sur d'autres, tout ce que le lecteur pourrait desirer relativement aux mœurs, aux édifices publics, aux productions et à l'industrie; car, l'auteur n'ayant pas voulu faire un voyage de sa narration, nous ne devons pas porter nos prétentions plus loin que lui. Le mois de mai, le charmant mois de mai ramenait les chaleurs étouffantes à ces contrées qui naguères étaient couvertes de glaces; déjà un mois et plus s'était écoulé, depuis que celles qui fermaient la navigation sur la Delaware, avaient mêlé leurs eaux à celles du courant. Ce fut alors, que par les bienfaits du consul-général Létombe, auquel il paye un tribut de reconnaissance, notre auteur eut l'assurance de son retour en Europe, avec la Légation française qui allait faire voile pour le Havre. Au milieu de quelques monceaux de glaces qui, détachées du pôle austral, venaient se

(1) Cet ouvrage a été publié ici, en l'an huit, sous le titre de *Visite à la prison de Philadelphie, etc., avec un plan explicatif.*

fondre dans les zones tempérées, à travers les tempêtes qui faisaient un dernier effort contre le voyageur, la route qui commençait sous d'assez mauvais auspices, fut néanmoins heureuse, et l'ancre fut jetée au port à la fin de fructidor an VII. Ce fut après cinq années d'une vie si diversifiée, que le docteur vint en cette capitale, dans l'espoir d'y vivre des avantages que lui méritait la continuité de ses travaux. « Qu'y ai-je trouvé, dit-il ? Tous les appuis du vaisseau de la république encore en chantier, vacillant sous un Directoire tout occupé de sa conservation; les lauriers de la victoire, arrosés du sang de tant de victimes, se flétrissant déjà, à la grande satisfaction de nos ennemis. » C'est alors que, s'écriant avec le prophète, il dit : *oculus meus afflictus est quòd nondum esset requies.* Cherchant ensuite parmi les siens que le fer avait ménagés, il trouva les uns dans la plus affreuse misère, d'autres que la divinité d'*Antium* avait, dans son caprice, élevés aux grandeurs, d'un abord qui éloignait ceux dont ils redoutaient quelque aveu d'indigence. Ayant peu à espérer d'une patrie qui lui était devenue si étrangère, il pensait à s'en éloigner, lorsqu'au commencement de l'an VIII, il obtint le suffrage de l'École de

Médecine de Paris, pour remplir une place de professeur de clinique ; et le Directoire en ratifia la nomination. Le docteur alors profita de son état paisible pour terminer le dernier volume de la Chirurgie Encyclopédique, et pour faire graver les nombreuses planches qui facilitent l'intelligence de l'ouvrage. La même année, parut la première édition de son Poëme qui, trois ans après, reparut sous une toute autre forme et plus digne de l'attention du public. Pendant qu'il employait ses loisirs à ce genre de dissipation, ses moments de réflexion étaient donnés à un objet infiniment utile, nous voulons dire ses Institutions de Médecine, qui, maniées et remaniées, furent enfin confiées à la presse. Ceux qui ont à cœur le perfectionnement des sciences, ne peuvent qu'apprécier l'accueil que méritent les ouvrages élémentaires faits pour bien répondre à leur fin. Ce sont des clefs fabriquées de manière à ouvrir les portes qui donnent sur le sanctuaire de la science dont ils traitent ; mais des clefs dont se servent continuellement ceux qui en font usage, sans se douter des peines qu'elles ont couté à l'ouvrier. Si avant la publication de l'ouvrage dont il s'agit, on en avait quelques-uns, ils étaient isolés et leur doctrine sur une partie, était en opposition avec celle que développaient d'autres, dans une autre branche qui aurait dû faire continuité avec la première. Tout se lie tellement dans celui-ci, qu'on peut le regarder comme faisant un corps de la plus saine doctrine sur l'art de guérir.

Tel est le précis des évènements qui sont propres à notre auteur, et d'après lesquels on voit qu'autrefois, comme aujourd'hui, ce ne sont point les hommes les plus studieux qui réussissent dans la carrière qu'ils ont à parcourir. « Lorsque la France, dit-il, était sous le gouvernement monarchique, respectant la dignité de ma profession, et d'ailleurs étranger aux mœurs de la cour, je n'ai jamais capté l'appui des grands; encore moins dans ces temps de désordre où Juvénal, s'il eût vécu, aurait crié d'une voix bien plus forte qu'à Rome :

Aude aliquid brevibus Gyaris et carcere dignum,
Si vis esse aliquis; probitas laudatur et alget.

Aussi n'ai-je jamais joui d'aucune faveur aulique ni reçu aucun titre, qui auraient mis mes moyens en évidence. Les évènements révolutionnaires, en changeant l'ordre établi depuis une si longue suite de siècles sous la monarchie, ayant annullé mes espérances, on ne m'a point vu me prostituer aux autorités éphémères, ainsi, observe le satyrique d'Aquino, qu'il est ordinaire à ceux

Quales ex humili magna ad fastigia rerum
Extollit quoties voluit fortuna jocari. »

Ces détails, quelque peu intéressants qu'ils soient au plus grand nombre des lecteurs, ne seront cependant pas sans utilité à ceux qui dorénavant pourraient suivre la même route que notre auteur. Ils y apprendront qu'on ne parvient au sanctuaire des Muses que par le chemin des privations, et que ces dispensatrices de la vraie gloire n'accordent leurs faveurs qu'à ceux qui savent se résigner à toutes les rigueurs du sort. Dailleurs, saisis par ceux qui ont opposé le courage à l'infortune, ils ne pourront faire donner un plus grand intérêt à un ouvrage propre à piquer leur curiosité. Nous avons tout lieu de croire que cette version faite sur sa dernière édition, sera plus accueillie du public, lui étant offerte sous ce dehors prosaïque, plus facile à entendre que l'original latin. En effet, le langage de l'ancienne Rome nous est devenu étranger depuis que des forcenés, incapables d'en sentir les beautés, ont porté la massue de la destruction sur l'antique corps de l'Université, où on l'enseignait et on le parlait avec pureté. L'auteur, en composant dans cette langue, creusait donc le tombeau où ses personnages eussent à jamais resté ensévelis, s'il ne se fût trouvé un traducteur qui leur eût fait parler le langage français, auquel ils n'ont pu porter atteinte. Le lecteur, en prenant connaissance d'un pareil travail dans notre version, y verra combien le poète a profité des circonstances où il s'est trouvé pour nourrir ses idées. En s'occupant de son objet, il a envisagé le suffrage de l'homme instruit, titre qui, par sa durée et sa valeur, élève au plus haut point tout génie créateur. Si ce suffrage, aux yeux du philosophe, est une illusion, elle a été à notre auteur aussi nécessaire pour exciter son courage, que l'était autrefois l'ache à l'athlète qui combattait aux jeux Néméens, et que l'est aujourd'hui le sabre d'honneur que la gloire décerne à la bravoure qui a vaillamment combattu sur le champ d'honneur.

INTRODUCTION.

LECTEUR,

CETTE production légère occupa quelques instants d'une vie errante que je ne pouvais alors donner à des travaux plus sérieux ; maintenant que je la livre à ceux qui s'abandonnent aux doux épanchements du cœur, elle a besoin de toute leur indulgence pour ne point périr d'une mort prématurée au moment où elle voit le jour. Si, parvenue à la connaissance des hommes faits pour la juger, elle continue à jouir de son existence, elle en devra la faveur, sinon à leur bienveillance, du moins au peu d'importance qu'ils mettraient à en faire la critique. Ne trouvez point mauvais qu'un sujet si frivole m'ait donné d'heureuses distractions dans des circonstances où je ne pouvais m'appliquer à des objets plus intéressants. L'esprit ne peut pas toujours être fixé sur des matières abstraites; et le travail sérieux, pour être utile, doit être coupé par d'agréables dissipations. Néanmoins, en supposant qu'il faille des exemples pour désarmer la censure, Agésilas, autrefois l'honneur de Sparte, revenant victorieux des armées de la Perse, se plaisait à courir à cheval avec son fils, encore enfant, sur un long bâton. Le cygne de Mantoue, après avoir déployé tout l'essor de son génie en peignant Didon abandonnée, se récréait en composant la pièce de poésie qu'il a intitulée *Culex*, ou le Puceron. A cet égard, nous nous appliquons cette vérité, que les sujets frivoles ne conviennent qu'aux esprits de même trempe; aussi celui qui cherche à se divertir en conduisant, à l'aide des rames, sa frêle nacelle sur un lac, ne doit-il pas porter l'imprudence jusqu'à se confier aux plaines de l'océan.

Je n'ignore point de quelle nature sont les épines dont est jonchée la route qui mène à la pratique de la langue qu'on parlait autrefois à Rome. Elle m'est également connue cette construction incorrecte du langage encore en usage de nos jours dans la plupart des colléges de l'Europe, que débitaient autrefois les juristes au barreau, et que balbutient sur les bancs ceux qui étudient la physique et la théologie. Elle ne m'est point non plus étrangère, et sans doute aussi qu'elle ne vous l'est pas d'avantage, cette élégance des premiers auteurs qui vécurent au temps que les amateurs des Belles-Lettres appèlent le Siècle d'or; mais les modernes qui ont porté au plus haut degré l'érudition en ce genre, ne m'en ont pas fait moins d'impression par l'éclat des fleurs qu'ils ont semées sur leurs écrits, dont ils voulaient rendre la lecture moins fastidieuse. Livré, dès ma plus tendre jeunesse, à l'étude de cette langue; adonné ensuite à une science qui la supposait familière, je me trouvai dans le cas de puiser aux meilleures sources. Ainsi les beaux jours de ma vie ont coulé dans la société des poètes latins qui ont le mieux parlé le langage du cœur, sans que pour cela j'aye négligé les beautés d'une prose harmonieuse, forte d'expressions et de pensées, dont tant d'anciens et de modernes m'ont offert des modèles en tout genre. Telles furent les récréations de mon esprit affaissé par la continuité de l'étude, et plus encore du chagrin. Si une pareille diversion ne dissipait pas les nuages qui offusquaient alors mon ame, au moins contribuait-elle à me rendre supportable, et souvent même imperceptible, le fardeau de mon existence. Ainsi, vivant dans la société des morts, j'étudiais leurs moeurs et leurs antiques usages; et, par un retour sur ce qu'ils m'avaient offert de plus frappant, je m'y fixais plutôt pour me distraire de mes occupations sérieuses, que dans l'idée d'y rencontrer pour d'autres un avantage auquel jusqu'alors je n'avais point pensé.

En butte aux rigueurs du sort, dans ces circonstances incertaines où la France, en proie à des dissensions intestines, voyait s'armer contre elle presque tous les peuples de l'Europe, ennemis de son gouvernement et jaloux de sa puissance, je me hasardai, au moment où je ne l'avais point prévu, sur des mers que j'avais parcourues dans ma première jeunesse. Ainsi, abordant de nouveau aux rives qu'on dit être échauffées par un autre soleil, je ne tardai point à m'appercevoir que la corruption des moeurs s'y faisait sentir à l'égal de celle qui ravageait les pays les plus vicieux de l'Europe, et peut-être à un degré supérieur. L'observation et l'expérience me mirent à même de sentir le néant des assertions tranchantes de nos philosophes toujours affirmatifs en proportion de leur ignorance. J'ai pareillement vu, mais non pas sans horreur, comment Bellone, après avoir allumé le flambeau de la Discorde dans nos foyers, portait ses torches ensanglantées loin de nos climats, parmi les peuples de l'Orient, qui, sans connaître le sujet de nos querelles et de nos intérêts, n'en tombaient pas moins en foule sous le pouvoir destructeur du fer et du feu. Ainsi une étincelle allumée sous nos murs suscite le plus violent incendie sur ces rivages infortunés!

Oublié dans ma prison flottante, de ceux qui avaient une demeure plus assurée, et tranquille sous l'égide des couleurs américaines, au milieu des dangers qui m'entouraient sur les mers les plus éloignées, je repris les goûts de mes premières années; et me livrant à des souvenirs qu'il n'était plus en mon pouvoir de réaliser, j'employai à des méditations poétiques les moments vuides d'une vie qui me fatiguait par son ennuyeuse uniformité. Mêlant alors aux peines que j'éprouvais quelques idées agréables qui me restaient encore du passé, j'écoutai les inspirations d'Apollon, et je devins le disciple, et même le favori des neuf Sœurs. Euterpe et la douce Erato (1), mes fidèles amies, versèrent bientôt dans mon cœur ulcéré le baume salutaire de leurs divines consolations. Telle fut l'origine de cet ouvrage. D'abord, selon le précepte d'Horace, j'amassai mes matériaux comme l'abeille qui parcourt, avec un zèle toujours nouveau, les bois et les ruisseaux de Tivoli, pour faire sa récolte

(1) Une des neuf Muses qui, présidant aux hymnes et aux poèmes amoureux, est ordinairement invoquée par ceux qui écrivent en ce genre. On la représente sous la forme d'une jeune fille couronnée de myrte et de roses, tenant une lyre d'une main et un archet de l'autre; à ses côtés est le dieu de l'Amour, avec son arc et son carquois; et à ses pieds, deux tourterelles qui se caressent.

sur le thym le plus récemment fleuri. Mais ensuite, d'après les conseils d'Érato, joignant dans une mesure inégale des souvenirs confiés à mes tablettes, je leur donnai une étendue et une forme, qui, malgré le fond bien léger de l'ouvrage, lui concilieront peut-être quelques approbateurs parmi ceux qui aiment à voir reparaître sous leurs yeux les religieux usages de l'antiquité. Mais si la critique, parfois trop sévère dans ses jugements, lui refusait un regard de faveur, peut-être trouvera-t-il encore quelques amis parmi le petit nombre de personnes impartiales qui n'ont point condamné les Muses latines à rester dans un honteux oubli.

Cependant, pour marier les accords d'Ovide aux miens au milieu des hasards que j'affrontais, les enfants d'Éole ont été souvent étonnés de ma persévérance à composer en vers, sans que je fusse intimidé des menaces du plus cruel élément. Ainsi j'alimentai mon ame oisive; et, trompant mes ennuis, je cherchais à me rendre la route moins pénible. Je m'étonne encore aujourd'hui de ce qu'au milieu des inquiétudes successives qui m'obsédaient, et des tourmentes d'une mer trop souvent courroucée, mon imagination ait pu conserver toute sa sérénité. Qu'on nomme folie ou insensibilité cette disposition de mon ame qui éloignait de moi l'idée de tout danger, mon imagination n'en a pas moins conservé par elle son aptitude au travail. Mais quoique la mer continuât d'être le plus violemment irritée, les troubles de mon ame surpassaient encore ses fureurs. Aussi, Lecteur, devez-vous m'accorder quelque indulgence si mon ouvrage est au-dessous de votre attente. Ces vers ne sont point le fruit d'une méditation calme et continue. Balotté sur des flots implacables, en proie aux rigueurs du froid le plus rigoureux, je suis privé de beaucoup de moyens, et mon papier même se ressent souvent de l'audace des vagues qui m'assaillent en écrivant. La tempête est dans toute sa violence, et semble s'indigner de ce que je tiens encore la plume au milieu de ses plus grandes horreurs.

Ainsi, cédant aux inspirations d'une Muse qui s'était récemment offerte à moi sous les dehors les plus attrayants, je cherchais à me dissimuler les dangers d'une mer courroucée, et d'autres fois à me rendre supportable son morne silence. L'ingénieux Ovide nous l'a dit : « C'est avec des chansons qu'une jeune fille charme les ennuis d'une tâche rebutante ; c'est en chantant que l'esclave adoucit les fatigues qu'il éprouve à creuser un large fossé. Le batelier qui, pour conduire sa nacelle contre le courant, enfonce son croc dans un fond vaseux, diminue la peine que la résistance lui oppose, en modulant sa voix. Ma Muse me charme également au milieu des mers dangereuses sur lesquelles ma route est tracée. Compagne inséparable de mon sort pénible, elle en adoucit les rigueurs : elle redoute encore moins l'onde, les vents, et tout ce que leur réunion peut accumuler de désastreux. »

Ceux qui considéreront ces expressions de l'exilé à Tomes, sous le même point de vue que moi, et qui leur ajouteront la force que donne l'expérience, ne tarderont pas à découvrir combien elles doivent convenir au caractère français. Aussi, né dans la première ville de cet empire, il n'est point étonnant que j'aye conservé quelque chose de mes ancêtres; et comme on dit que le cygne du Cayster annonce d'une voix défaillante sa fin prochaine, de même, jeté sur le rivage des Gangarides, je fais mon possible pour que la mort qui m'approche, ne m'atteigne pas sans que je fasse quelque bruit. Mais pour que l'ensemble de mon ouvrage soit mieux saisi de mon Lecteur, je lui en tracerai le canevas dans ce qui suit.

Zoroas, né à Ephèse, d'Alcimédon le Mégarien, dont les ancêtres s'étaient illustrés par leur savoir, étant venu à Athènes pour suivre l'école de Platon, selon l'usage de ceux qui jouissaient de quelque aisance, il y fut d'autant plus promptement imbu des principes de ce bon philosophe, dans l'école de ceux qui suivaient encore sa doctrine, qu'il était dans l'âge où peuvent facilement germer les semences de la vertu. Épris de leurs charmes, il continua d'y conformer sa vie, jusqu'à ce que, plus âgé, les principes d'Epicure lui offrissent plus d'attraits. Ce fut alors que passa sous la tutèle de ce nouveau maître ce jeune homme qui jusque-là s'était conduit d'une manière convenable aux dogmes de son premier instituteur. Ainsi, ce néophyte, après avoir nourri son ame des aliments les plus profitables pour l'avenir, étant venu à une école dont les principes lui offraient plus de charmes, il se mit non seulement à vivre plus librement, mais encore il entraîna dans son parti beaucoup de ses amis, en recourant, comme on le voit dans le Prologue du poëme, à des arguments captieux qui pouvaient faire impression sur leurs esprits. Instruit dans les hautes sciences de la Grèce, il vint à Milet (1), où il s'annonça comme

---

(1) Cette ville, aujourd'hui Palatcha, s'élevait sur les confins de la Carie et de l'Ionie, à l'embouchure des branches du Méandre. Elle passait pour être une fille du Ciel et de la Terre. Les rives fleuries de son fleuve sinueux et les mœurs voluptueuses de ses habitants, excitaient la surprise chez tout étranger qui, en y abordant, s'y trouvait bientôt lié par une continuité de plaisirs. Les citadins surpassaient les Athéniens en urbanité, comme aussi par les qualités inappréciables de la franchise; mais, peut-être étaient-ils trop enclins à ce genre de vie qui tient du déréglement. Dans cette heureuse contrée de l'Asie mineure, la sérénité du ciel, la beauté du sexe qui entraîne nos hommages, la variété des ornements qu'il emploie pour plaire, les nombreuses solemnités, l'harmonie des voix concordantes, le son des flûtes et des cithares, la danse, les jeux et autres charmes de ce genre,

maître en ce genre. C'était à l'époque où l'on célébrait la fête de Cérès, qui attirait un grand nombre de curieux à son temple. S'y trouvant le jour de la plus grande solemnité, il y vit Pancharis (1), fille d'Eudoxe, autrefois myriarque de la ville. Surpris de la grace avec laquelle

---

aussi propres à entraîner la pétulante jeunesse qu'à récréer les vieillards d'humeur chagrine, tenaient continuellement l'ame en activité par leur agréable diversité, et chassant au loin tous les chagrins, ils l'entretenaient dans la jouissance des plaisirs les plus voluptueux.

(1) Plutarque, dans son *Traité de l'Amour*, nous apprend que le mot *Charis*, ne signifiait originairement dans la langue grèque, que la douce complaisance et la dernière faveur d'amour. Il ajoute que c'est dans ce sens que Sapho dit un jour à une beauté de Lesbos : « Vous me paraissez encore bien petite, et sans doute vous êtes *Acharis*, c'est-à-dire, *charitum Veneris expers*. *Pancharis*, ici, signifie *toute grace*, le nom primitif recevant sa valeur de l'adjectif *pan*, auquel il est lié.

elle présentait son offrande aux autels, il en devint éperduement amoureux, et ne pensa dès ce moment qu'aux moyens de faire connaître ses sentimens à cette jeune personne; mais persuadé qu'il ne pourrait jamais réussir, si avant il ne se rendait propice la déesse Vénus, à laquelle jusqu'alors il n'avait fait aucun sacrifice; pénétré du plus vif repentir à cet égard, il avoue sa faute à Ménippe, son intime ami, se décidant à tenir une toute autre conduite. De là les prières et les voeux qu'il lui adresse, prières et voeux dont l'effet est tel, que la mère de Pancharis, avide de lui voir l'esprit orné des principes de la meilleure philosophie, non seulement se résout, pour répondre aux bonnes dispositions de sa fille, à la confier à Zoroas, dont l'étonnante érudition commençait à être connue, mais encore elle insinue à ce dernier son dessein de l'attirer chez elle, où il pourrait donner à son élève des leçons les plus assidues. Le philosophe, instruit

******

des intentions de la mère, lui en témoigne sa satisfaction. Il est admis; et dès le premier abord, il hasarde auprès de son élève quelques paroles qui tendent à son but, mais qui, n'étant point comprises, restent sans effet. Il lui avoue l'inconséquence de sa conduite en se chargeant de l'instruire, et la prie de le faire remercier au plus tôt, pour prévenir des événements qui ne pourraient que mal tourner pour tous deux. Pancharis rejète ce parti, et prémunit son maître contre les traits de l'envie; mais veillant à sa réputation, elle l'avertit que désormais elle ne prendra point ses leçons en particulier. Zoroas la taxant d'éloignement pour lui, raisonne avec elle, et lui conseille de consulter sa beauté et ses années; mais, malgré tous ses avis, ses espérances sont si incertaines, que méditant seul en pleine campagne, à la chûte du jour, il prend pour confident de ses peines toutes les richesses de la nature, auxquelles il les raconte. Cependant, tout en le reprenant sur ses vues, son écolière ne le dissuade point. De là la prière que l'amant adresse à l'Amour pour qu'il blesse cette insensible qui ne veut rien connaître des douceurs de son joug. Se confiant à une vision qu'il avait eue en rêvant la nuit, il ouvre à celle-ci le fond de son cœur, et lui manifeste pleinement ses feux, auxquels Pancharis, récemment blessée, cède en s'avouant entièrement vaincue. De là ces doux épanchements de cœur, ces étreintes, ces jeux et ces tentatives qui préludent aux sacrifices à faire à la déesse de Cythère, et qui invitent les personnes les plus indifférentes à lui porter hommage. De là cette série d'entretiens passionnés, cette doctrine sur les amours et la reproduction des êtres organisés qui en est l'effet. De là les acclamations et les chants de victoire, et ces agréables ressouvenirs par lesquels les héros de la scène aiment à se représenter leurs dernières jouissances. De là ces délires dans lesquels ils s'expriment en termes convenables au bonheur qui est proche ; ces protestations dans lesquelles ils se promettent une flamme éternelle ; les craintes que leurs feux ne se manifestent aux personnes qui les entourent ; ces imprécations contre les détracteurs du dieu de Cythère ; ce délire de l'imagination et cette longue suite de raisonnements ordinaires avec lesquels les auteurs d'un ouvrage érotique réchauffent l'imagination d'un froid lecteur , et la tiènent plus long-temps et plus agréablement suspendue au fil de la narration. Mais sur ce globe où nous vivons, personne n'est parfaitement content de son sort : ainsi, quoique Zoroas ait sa maîtresse en toute possession, néanmoins ses vœux se portent encore plus loin. D'une autre part, Pancharis est avertie intérieurement que l'intimité qu'elle entretient avec son amant cache quelque chose de fâcheux. Elle fait part de toutes ses inquiétudes à Iphie, son amie, qui part pour l'isle de

Samos, la priant de consulter la sibylle pour savoir si la foi qu'elle a jurée à son amant, aura une fin heureuse ou non. La réponse peu favorable qu'elle en obtient est pour elle un motif de la plus grande inquiétude. Son amant, agité par les violents soupçons qu'il conçoit, s'exhale en termes de reproches. Pancharis rompt toute alliance avec lui; et en proie aux remords de sa conscience, elle tombe dans une fièvre qui bientôt est cause de sa mort. De là les soupirs et les gémissements de Zoroas, et l'élégie funèbre où il manifeste tous les liens qui le retenaient à la défunte. Il se porte vers les consolations de la Philosophie, qu'il avait négligée; mais, nourrissant en lui une source intarissable de peine, et tout lui rappelant ses jouissances passées, il obéit aux conseils qu'on lui donne de rompre la chaîne de ses malheurs en faisant un voyage au promontoire de Leucate. Avant d'y terminer sa carrière, il discourt sur les ennuis et les incommodités de la vie ; et ayant invoqué la divinité du lieu, il se précipite dans la mer.

L'ordonnance de ce poème ainsi réalisée, plusieurs me blâmeront, et même, peut-être aussi satyriques que Théon (1), ils me déchireront pour avoir puisé à des sources bourbeuses un breuvage qui, pris par une ardente jeunesse, pourra contribuer à sa détérioration (2). Ne nous disculpons point sur le crime, si

---

(1) Grand sophiste, babillard et fort médisant, d'où est venue l'expression de *Theoninus dens*, pour exprimer la calomnie.

(2) « Tout est mauvais pour des cœurs corrompus. Ce sont des vases impurs où tout ce qu'on jète, même de meilleur, est bientôt altéré : *Quodcunque infundis, acescit.* Cependant les livres qui traitent de l'Amour, ont infiniment moins fait de mal à la société, que les Traités de Théologie, ouvrages qu'on peut appeler : « les Égarements de l'esprit humain » ; *Rem. du traduc. d'Athénée*, tom. V, pag. 1.

notre aveu peut appaiser nos détracteurs; mais « nous ne manifestons ici que des faits connus, et déjà très-répandus ; donc notre faute est bien moins grande qu'elle n'aurait pu l'être. » Si, d'une autre part, une production de ce genre, publiée dans un style recherché, pouvait nuire à un lecteur instruit, nous nous purgerions d'un pareil délit avec les mêmes arguments auxquels Ovide eut autrefois recours : « Qu'aucune femme bien née ne jète donc les yeux sur aucun poème ; car il n'en est point qui ne puisse l'entraîner dans quelques erreurs. Si elle a du penchant pour le mal, quelqu'ouvrage qu'elle lise, elle y pourra puiser des causes d'infection ; mais il ne s'ensuit pas que tout livre puisse porter les autres au crime. Tout ce qui a une utilité évidente cache souvent une cause de mal. Ainsi, pour peu qu'on feuillète ce poème avec une droiture d'intention, on verra qu'il ne peut nuire à personne. Eh! quel mal y aurait-il à faire des vers que dicte le sentiment, et que pourront même lire les femmes chastes sans mettre ses préceptes à exécution? Non, Lecteur, mon ouvrage n'est point l'indice de mes moeurs: si ma muse est passionnée, ma conduite fut toujours exempte de reproche, et il n'est aucun époux, même parmi les personnes d'un rang ordinaire, qui puisse porter sur moi les doutes qu'il pourrait avoir sur sa paternité. Ce ne fut point la débauche qui conduisit ici ma plume, mais bien le desir honnête de présenter quelque production qui pût plaire par le charme de la mesure.»

Cependant, quelque grande encore que soit la gravité du prétendu crime, si l'on s'arrête à nos matériaux, on n'y trouvera rien qui ne reviène à l'ordre de la nature, rien qui soit étranger à l'essence de l'homme, et dont ne puisse être curieux quiconque porte sa première offrande à Vénus. De plus, si l'on pénètre dans le fond de l'ouvrage, on n'y verra point cette vicieuse dissolution, ennemie de toute vertu, qui se cache sous les attraits du plaisir, de la prostitution ou du concubinage, et que suivent toujours les remords et la pauvreté. On n'y découvrira aucun de ces moyens qui, sous le voile de la pudeur, dans ces écrits fabuleux publiés en langue vulgaire, n'en égarent pas moins la jeunesse ingénue qui se croit en bonne route. Par-tout, au contraire, on ne rencontrera que les affections naturelles du coeur, cette douce sympathie des ames qui éprouvent, de part et d'autre, les plus tendres sentiments; ces élans d'une imagination vive, qui, loin d'être le produit du moment, sont tellement enracinés, qu'ils se terminent par la fin déplorable de l'un et l'autre acteur. Aussi m'écrierai-je avec Ovide : « Si ma Muse badine n'est point au-dessous de son sujet, je remporte la victoire, et l'accusation qui lui est intentée tombe d'elle-même. » Alors j'aurai raison de tenir le langage suivant de Jean

Second, qui a si bien mérité des littérateurs par son poème sur les Baisers.

« Filles et femmes chastes, pourquoi détourner de moi vos pudiques regards ? Je ne chante point les adultères des dieux, encore moins les formes monstrueuses qu'ils prirent pour satisfaire leurs passions. Mes vers n'expriment point des choses contraires à la pudeur, et que ne puisse lire un maître austère à ses propres disciples. Prêtre inspiré du feu qui anime les nœuf Sœurs, je chante des baisers innocents. Mais quoi ! filles et femmes, vous vous indignez de ce que, seulement en passant, j'ai parfois désigné sous leurs propres noms des objets qu'on ne peut caractériser autrement ? Eloignez-vous, vil troupeau ennemi de la franchise. Combien ma Pancharis est plus sage que vous, elle qui aime mieux mon ouvrage *sine mentulâ*, que l'ouvrier sans cet instrument ! »

Ainsi, Lecteur, supposant que vous trouviez développées d'une manière trop étendue des erreurs annexées à la nature humaine, ne m'en faites plus un crime; car si en cela mes acteurs ont été en faute, ils l'ont assez expiée par la triste fin qu'ils ont subie au milieu des plus cuisants remords. Mais si vous n'êtes point détracteurs du culte établi à Cythère, et si vous ne vous inscrivez point en censeur inique contre ceux qui se complaisent sous l'agréable joug du dieu qu'on y révère, lisez paisiblement mon ouvrage; sinon rejetez-le, et puisse même son titre s'effacer de votre mémoire !

Des brasses du Gange, 10 août 1796.

PRODROME.

Odi profanum vulgus, et arceo
Favete linguis : Carmina non prius
Audita, musarum sacerdos,
Virginibus puerisque canto.
Hor. *Od.* 1, *lib.* 3.

Attiré autrefois par le doux sourire d'Apollon, je lui consacrai avec plaisir les premiers temps de ma jeunesse. Bientôt initié dans la science de Péon, par Machaon qui m'avait ouvert la carrière de l'Art de guérir (1), j'ai enseigné

(1) Péon, médecin expérimenté, dont parle Homère dans le cinquième livre de son Iliade, comme ayant guéri Pluton. Machaon était fils d'Esculape. A raison de ses profondes notions dans la partie manuelle de la médecine, il fut convoqué de Crète, avec les autres héros

sur cette science beaucoup de choses ignorées du vulgaire : j'ai également médité sur d'autres objets ; puis recueillant les observations confiées à mes tablettes, j'ai publié sur l'art ce qui est de l'utilité la plus reconnue et ce qui devait l'être, non sans avoir souvent retouché ma matière pour lui donner le degré de perfection dont elle était susceptible. Mais depuis long-temps en butte aux coups les plus cruels de la fortune, je parcours, exilé de ma patrie, les mers les plus éloignées, sur un

---

grecs, pour l'expédition de Troie. Ce passage du texte a rapport à la profession de l'auteur, qui a étudié et pratiqué long-temps la chirurgie avant de prendre ses degrés dans l'ex-Faculté de Médecine de Paris.

frêle vaisseau qui n'est que trop fréquemment le jouet des vents. Ah! pourquoi les dieux m'ont-ils accordé ces destinées qui furent également cause à d'autres de tant de maux que la postérité ne pourra jamais déplorer assez? Au milieu des dangers auxquels je m'expose pour parvenir à des terres inconnues, je cherche à diminuer, autant qu'il m'est possible, les ennuis de ma route, en notant dans mes vers des faits qui, publiés dans nos contrées, pourront encore y faire naître la commisération chez les ames sensibles. Ainsi l'enfant de Cypris décoche souvent des flèches que la mort suit de près, si le venin qu'elles introduisent reste inconnu. Les évènements que je vais développer sont autant de mystères auxquels les profanes ne doivent point participer, les choses sacrées ne convenant qu'aux personnes revêtues d'un caractère qui les en rend dignes; aussi ne seront-ils manifestés à celles-ci que dans un langage mystique, qui, hors de la portée du commun, puisse en écarter la jeunesse qui chercherait à les comprendre. O Muse, favorise mes efforts; mêle à mes chants les agréments qui peuvent leur convenir, pour que je n'aye point à rougir de m'être exposé à faire voile sur un élément peu certain. Ayant entrepris un travail que l'âge futur jugera sans partialité, je cherche à diriger prudemment ma route au milieu des écueils qui m'entourent de toute part. Oui, le poème que je publie aujourd'hui n'est point de nature à mériter l'huile de cèdre (1), le libraire ayant tout à craindre qu'un ver destructeur ne lui porte le plus grand dommage avant son débit. Je connais toutes les disgraces qui l'attendent; mais que l'homme instruit, en cherchant les moyens de nourrir ses loisirs, le préfère à tout autre, ce qui sera pour moi une bien grande faveur, ou que la jeune fille à qui Apollon pourrait sourire, le feuillète, mollement étendue sur sa couche, en attendant l'arrivée de celui

(1) Les anciens imbibaient d'huile de cèdre, tous les écrits qu'ils voulaient conserver. Par la suite les poètes ont désigné sous le nom de *linenda carmina*, les vers dignes de l'immortalité. Pline dit qu'on doit à ce moyen les livres de Numa Pompilius, qui furent trouvés sains et entiers, après six cent soixante ans.

qu'elle aime, peu m'importent les traverses qui lui seraient réservées, Érato n'en couronnera pas moins ma chevelure du myrte de Paphos, excitée par l'applaudissement de Vénus que lui vaudra son zèle. Pâlisse donc tout détracteur qu'il pourra rencontrer; car peut-être une gloire inconnue en attend l'auteur après sa mort (1). En effet, la

---

(1) « Retranchez ce grand intérêt de la vie, dit Cicéron dans sa défense d'Archias, que mettrez-vous à sa place ? C'est pour vivre dans la postérité que l'homme de bien travaille. Si notre ame ne s'élançait point au-delà de la vie présente, et si la fin de notre carrière était celle de nos pensées, voudrait-on se briser le corps par tant de peines qui accélèrent la mort ? Mais, ce desir de l'estime publique, inhérent au cœur de l'homme généreux, irrite jour et

vénérable antiquité n'accorde que trop souvent les faveurs du microscope aux choses passées; et ainsi la renommée naît par fois des cendres de ceux qui l'ont méritée. Cependant si Paris, la capitale du monde, se ressouvient tôt

---

nuit son ame de l'aiguillon de la gloire. Quoi! nous laisserions après nous, faits avec soins, des statues et des portraits qui ne retracent que des images corporelles, et nous ne serions pas jaloux de transmettre à ceux qui nous remplacent, l'empreinte de nos ames, gravée par la main du génie? Mais, hélas! cette gloire dont les hommes sont si avides pendant la vie, manifeste tout son éclat lorsqu'ils ne sont plus ». Oui, mais c'est alors, dit Pindare dans une de ses Pythiques, qu'elle vient remplacer sur la terre, dans les écrits des grands orateurs et des grands poëtes, ceux qui s'en sont rendus dignes.

ou tard de celui dont elle aura lu les vers, les sombres rives n'auront plus rien d'affreux pour moi. Mais, non : si les prestiges de l'illusion ne m'égarent point, je ne serai pas mort, lors même que je serai réduit en poussière. Soit que je doive cette prérogative à la faveur, ou que je puisse la rapporter à la bonté de mes vers, ma reconnaissance n'en sera pas moins la même pour mon lecteur.

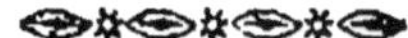

TABLE
DES
TITRES DU PREMIER VOLUME.

FIN.

LES AMOURS
DE ZOROAS
ET DE PANCHARIS.

PROLOGUE.

Loin de moi, Soucis rongeurs; et vous, Inquiétudes et Craintes, leurs compagnes inséparables, fuyez au plus vîte : que les Jeux (1), les Danses et le Dieu de la treille vous remplacent; et pendant qu'il est encore temps, que ce court espace de la vie soit consacré à la joie et aux plaisirs. Mes amis, dans l'allégresse où nous sommes, que les propos gais nous animent, et que le bon Épicure (2) sourie aux soins que nous prendrons de lui plaire. Abandonnons aux cœurs tristes la doctrine du sévère Platon (3), qui refuse aux sens leur plus doux aliment. Varions nos jeux, multiplions nos amours, et que chacun de nous évite un joug qui serait de trop longue durée ; car la déesse de Cythère est quelquefois cruelle à ses favoris, et ses lois sont souvent onéreuses à ceux qui observent religieusement leurs serments. O sort malheureux de l'amant qui se fie aux promesses de celle qu'il adore ! Déjà les soupirs et les chagrins l'obsèdent, en voyant le sexe volage écrire ses protestations sur l'onde, qui les emporte au loin à mesure qu'elles sont tracées. Ainsi, Ménippe, sage comme tu l'es, pense à jouir du présent et à ne point te laisser opprimer par le caprice du sort. Ah ! cesse, lorsque chaque jour apporte à l'homme son nécessaire, de chercher avidement dans l'obscurité du futur, si le destin sera favorable à tes entreprises, et si tu as tout à espérer du lendemain. Chantons tour-à-tour et aux doux accents de nos lyres, les Phrynés que l'intérêt rend toujours favorables, comme aussi les combats qui valurent une si grande gloire au fils de la belle Sémélé. Que l'ignorant vulgaire nous déchire méchamment par de mauvais propos, chacun de nous n'en doit pas moins vivre comme bon lui semble. Hélas! la vieillesse inexorable à toutes nos prières, accourt sans qu'on la voie, et déjà elle s'apprête à nous soustraire les agréments de la jeunesse. Ne passons donc point oiseusement nos jours, et dérobons à la mort, qui pourrait nous surprendre, tous les plaisirs qu'elle voudrait nous ravir (4).

---

(1) Les Jeux étaient, selon les Mythologues, de jeunes divinités qui faisaient leur résidence particulière dans les prairies, les bocages, et généralement dans tous les lieux qui inspirent de la gaîté. On les représente comme de jeunes enfants qui, à l'aide de leurs ailes membraneuses et chamarées d'or, voltigent çà et là, rient, badinent et folâtrent, avec cet abandon qui convient au jeune âge; raison pour laquelle Vénus les a tous

retenus à sa cour, dont ils augmentent les plaisirs, conjointement avec les Ris et les Amours.

(2) Epicure était un philosophe Athénien, qui enseigna dès l'âge de quinze ans, si l'on en croit Démétrius le Magnésien. Il faisait consister le souverain bien, non comme Aristippe, dans la volupté, mais dans la privation des maux. Il était ennemi de la dialectique, vû, disait-il, que la philosophie peut se comprendre en employant les termes les plus simples. Il eut beaucoup d'amis, sur tout dans la ville de Lampsaque. Il mourut dans ses jardins, au milieu d'un grand nombre d'eux, comme il entrait dans un bain chaud, pour être soulagé d'une douleur néphrétique. Ses dernières paroles furent une exhortation à ceux qui l'entouraient, de rester attachés à ses maximes.

(3) Ce célèbre philosophe fut ainsi surnommé à raison de la largeur de ses épaules ; ses aïeux portaient comme lui le nom d'Aristoclès. Il eut Ariston pour maitre de lutte. Si l'on s'en rapporte à Elien, il s'appliqua d'abord à la poésie, et choisit le genre héroïque; mais ayant lu Homère, et trouvant ses vers si inférieurs à ceux de ce grand gé-

nie, il les jeta au feu. Il passa ensuite au genre tragique, et ayant composé une pièce intitulée les *Quatre Colloques*, il l'avait déjà donnée aux acteurs, se mettant en lice avec d'autres; mais avant les Bacchanales, il entendit Socrate, et dès ce moment il fut tellement épris de l'éloquence qui s'échappait de la bouche de cette syrène, que non seulement il se retira du combat, mais encore il quitta le cothurne pour la philosophie, à laquelle il donna tous ses moments. Il suivit dès-lors son nouveau maître, et, nourri à son école, il partit pour l'Italie, où il acheta fort cher les livres de Pythagore, qui, dit-on, lui servirent beaucoup dans la composition de son Timée. Il passa ensuite en Égypte, où l'on dit qu'il prit connaissance des livres de Moïse, et fut initié dans les dogmes des gymnosophistes. Il mourut à quatre-vingt-huit ans, de la maladie pédiculaire, si l'on en croit les biographes. Cet athénien excellait tellement dans toutes les sciences, et sur-tout dans la philosophie, qu'on lui donna le surnom de divin, et que les philosophes le regardèrent comme leur Homère. Il garda le célibat, genre de vie plus propre que tout autre à la culture des sciences.

(4) Ces préceptes sont ceux qu'Athénée met

dans la bouche de Xanthus, qui dit, en adressant la parole à ses amis : « Pourquoi toutes ces inepties et ce bavardage qu'on débite au Lycée, à l'Académie ou à l'Odéum, enfin toutes ces rêveries des sophistes, qui n'offrent rien de bon? Buvons jusqu'à la dernière goutte. Sicon, et toi, Manès, livrez-vous aux plaisirs de la table, et n'ayez d'autres dieux que votre ventre. Les vertus, les honneurs et les dignités des armées, ne sont que de vains titres. Le sort nous glacera au terme fixé, et vous n'aurez de bien que ce que vous aurez bu et mangé. Ne sont-ils pas réduits en poussière, ces Périclès, ces Codrus et ces Cimon, qui ont si bien mérité de leur patrie? » Mais bientôt il les tempère par ce qui suit : « Persuadé que tu es né mortel, perfectionne, ô homme, tes facultés intellectuelles, en cultivant les sciences. La débauche ne laisse aucun bien après elle. Je me suis livré à elle, et si j'en ai retiré quelques plaisirs, rien ne m'en est resté, sinon ce que j'ai appris, et les réflexions sensées que je fais actuellement; quant aux autres jouissances, elles ont toutes disparu. »

LE PORTRAIT.

Malheureux! j'établissais des dogmes, et je suis forcé de m'en départir depuis que l'Amour, qui tient tout sous son pouvoir, m'a porté le coup le plus cruel. Hélas! qui jusqu'ici n'a point entendu parler de la belle Pancharis, à qui Eudoxe donna le jour? de cette fille, l'objet du soin continuel de ses suivantes, que sa mère, naguères encore dans son lit, serrait, excitée par le doux sentiment de l'amitié la plus vive, et qui maintenant, offrant toutes les grâces de la jeunesse, séduit tout amant qui ne s'est point encore rangé sous le joug de l'Hymen. Ainsi, au retour du printemps, on voit la rose entrouverte développer toute sa parure à l'aide des zéphyrs qui la caressent de leur haleine, et de la rosée qui nourrit sa tige. Ah Ménippe! comment entreprendre le détail des perfections qu'offre un aussi séduisant modèle? Voit-on le matin cette beauté jouir des agréments de la promenade, elle paraît alors aussi brillante que l'étoile qui devance l'Aurore. Si le soir elle sort avec le vêtement le plus simple, tel s'avance sur l'horison l'astre rayonnant de Vénus, lorsque le Soleil est près de se plonger dans les ondes de l'Atlantique (1). J'avais déjà entendu vanter ses attraits, et néanmoins je la fuyais, ne la prisant pas plus qu'une Sace (2); mais du moment que je la vis aux fêtes de Cérès (3), je me sentis épris du plus violent amour pour elle, tant ses charmes eurent d'empire sur mon cœur. Malheureusement sa mère, ne la quittant jamais, je ne puis lui faire connaître les droits que ses traits divins lui ont donnés sur moi. O brûlante Volupté! plus puissante que la Raison, je sens que ta flamme pénètre toute ma substance. Oui, le feu inconnu de l'Amour me consume, et c'en est fait de moi si Vénus, touchée de mes maux, ne vient promptement à mon aide. Quelle noblesse dans sa démarche, quand elle allait présenter ses dons au temple (4) ! Quelle élégance dans son vêtement ! Quelle régularité dans ses traits ! Arrivée à l'autel, avec quelle voix douce elle offrit son froment (5) ! Que ses accents furent moëlleux, lorsque, mêlant ses chants aux modulations de la cithare, elle déployait ses talents en l'un et l'autre moyen de plaire, également supérieure dans tous les deux ! Telle était sans doute la belle Hélène (6), lorsqu'elle parut à Pâris avec une chevelure qui flottait sur ses brillantes épaules. Non, la reine de Paphos ne brille point avec plus d'éclat lorsque, portée sur son char d'ivoire, elle dirige sa route vers les plaines éthérées. Que de beautés, que de perfections dans son ensemble ! quelle séduisante pudeur dans ses yeux (7) ! Le lys, qui, en s'épanouissant, prendrait une teinte de la rose, n'offrirait pas une couleur plus agréable que celle de ses joues, quand en souriant de plaisir elles se creusent lentement de chaque côté. Ses lèvres humides, qui surpassent l'éclat du corail par leur fraîcheur, reçoivent de ses dents blanches le contraste le plus propre à en faire valoir l'incarnat. Oui, tout en elle m'enchante, jusqu'aux boucles de sa chevelure, auxquelles on trouve un charme secret dans l'agréable abandon où elles se jouent sur ses épaules. Ainsi les compagnes de Cythérée (8) portent leurs blonds cheveux, les abandonnant aux caresses des zéphyrs, lorsque d'un pied concordant elles frappent la verte pelouse. Ses bras, en s'arrondissant moëlleusement, le disputent en blancheur à celle du troëne récemment fleuri. Ses mains, pleines de grace et de délicatesse, leur répondent par la forme la plus parfaite. Sous un fin fin sont cachés ces globes si bien contournés et dont les mouvements alternatifs font impression sur les cœurs les plus insensibles (9). O vous que la Renommée désigne pour surpasser les chef-d'œuvres des Apelles (10), que cette belle excite vos efforts. Peignez ses yeux, exprimez cette forme régulière de sa bouche, tout son ensemble enfin, et votre gloire se portera des rives de l'Aurore à celle de l'Hespérie. Ses traits ont trop vivement frappé mon cœur pour que désormais je puisse oublier tant de charmes. A quoi me sert-il en ce jour d'avoir étudié la doctrine des plus grands philosophes et même d'avoir été imbu des dogmes du divin Platon? Quel bien puis-je espérer pour avoir appris sous ce philosophe à vaincre les mouvements déréglés de mon âme, si le dieu d'amour m'ayant blessé d'un trait à pointe d'or, je ne puis, hélas! me soustraire aux maux qu'il me prépare? Le venin s'est furtivement introduit dans mes veines; il y exerce toutes ses fureurs, et je n'ai plus de force pour lui opposer quelque résistance. Ma blessure, pour mon plus grand malheur, n'est susceptible d'aucune guérison, tant elle est profonde! Déesse de l'univers, belle Vénus, que les mortels ne devraient jamais mépriser, est-ce ainsi que tu punis mon crime? Si je n'ai point encore paru en suppliant à tes autels (11), si je n'ai point brûlé sur eux l'encens dû à ta souveraine puissance, je n'ai pas pour cela, par d'indécentes railleries, détourné de leurs devoirs les pieux observateurs de ton culte. Le langage que je tiens ici est celui de la vérité. Hélas! dans quel abyme de maux je vais être plongé, si cette belle est sourde à mes voeux! Oui, le venin continue ses ravages; il se répand dans tous mes membres, et à mesure qu'il exerce ses fureurs, il soustrait à mon corps les forces nécessaires à son existence. Je ne trouve plus le plaisir dans les objets qui naguères me l'offraient encore. Les vers n'ont plus aucun pouvoir sur mon mal. Ah! les vers peuvent-ils avoir quelques charmes pour un cœur en esclavage? Ma langue, qui avant était toujours disposée à se prêter aux accents de la gaîté, ne peut actuellement exprimer les moindres modulations du chant. Ma flûte même reste muette, tant cette portion désormais de mon existence éloigne de moi tout art d'agrément! Oui, consumé comme je le suis des feux de l'amour, j'irai en Idalie (12) et, m'étant purifié aux eaux qui coulent dans ses bosquets, j'offrirai mon hommage à la déesse qu'on y révère. La tête couronnée d'un myrte récemment fleuri, n'ayant que ma tunique, je brûlerai de l'encens sur son autel, puis l'ayant entouré d'une guirlande de roses, je répandrai dessus un lait nouvellement trait (13) et je lui adresserai ma prière, pour obtenir au plutôt l'objet de mes desirs.

---

(1) L'Atlantique est une partie de la mer que les géographes modernes nomment Océan ou Mer du Nord, et dans laquelle se trouvent les isles Canaries, que les anciens appelaient Atlantiques. Sont-ce les isles fabuleuses que Platon

plaçait dans l'Océan, et qu'il suppose avoir été englouties ?

(2) Peuples qui habitent un pays à l'Est de la mer Caspienne, où les femmes, selon l'opinion des Ioniens, étaient fort laides.

(3) Ces fêtes se célébraient l'été, au milieu des campagnes. Les Milésiennes, revêtues de robes blanches, allaient alors au temple de Cérès, pour lui offrir les prémices de la moisson. Pendant cette cérémonie, qui durait neuf jours, les femmes ne devaient avoir aucune communication avec leurs maris. Ces fêtes étaient celles où la reconnaissance se manifestait sous les emblêmes les plus analogues à la pureté du cœur des premiers cultivateurs. Leurs offrandes n'étaient point des victimes, dont le sang ruisselait sur les autels ; c'étaient des épis, des roses, qu'on suspendait en gerbes ou en guirlandes aux colonnes des temples ; un miel, un lait nouvellement trait, qu'on déposait aux pieds de la divinité, pendant qu'au son de la flûte, on formait des chants et des pas mesurés.

(4) Milton, en parlant de la démarche d'Eve,

qui venait à lui dans l'Eden, dit, d'une manière beaucoup plus expressive :

> Grace was in all her steps, heav'n in her eye,
> In every gesture dignity and love.

Quant aux temples, leur origine date du temps où le luxe s'introduisit dans les états policés, quand l'homme aisé et reconnaissant éprouvant par lui-même les agréments dont on jouit, en se soustrayant aux rigueurs des saisons dans des lieux clos, crut devoir faire participer à cette douceur, l'être supérieur, qu'il regardait comme la cause de son bonheur. Pour un philosophe, la nature entière est le temple de l'Etre Suprême ; aussi les Perses et autres peuples qui suivirent et suivent encore en Asie, la doctrine des mages, n'ont-ils aucun temple, persuadés qu'il est indécent de renfermer dans des bornes étroites, celui que l'univers ne saurait contenir. Mais tout le monde n'étant, ni ne pouvant être philosophe, on voulut avoir un dieu qu'on pût voir, qu'on pût toucher, pour se diminuer la peine de la réflexion qui l'indique assez à tout observateur de la nature ; un dieu enfin qu'on pût avoir sous la main, pour en obtenir par la prière, ce que la cupidité pourrait faire desirer.

Du moment qu'il fut fait, il fallut bien le loger; pour l'avoir à sa portée, on le plaça dans un petit coin de la chambre, on orna ce petit coin; on éleva le support qui soutenait le petit dieu, fait vraisemblablement d'un morceau de bois façonné selon l'industrie d'alors, avant qu'il vînt à être d'or pour être moins respecté; et de-là, le *sacellum* ou la chapelle, et *l'altar* ou l'autel, qui succédèrent aux premiers élans de gratitude chez les hommes qui se faisaient un devoir de ne point oublier un bienfait. Le *sacellum* eut bientôt un desservant; car chacun pensant aux objets de nécessité propres à remplir les premiers besoins, on se serait reposé les uns sur les autres, et la divinité bien logée serait restée sans culte. Le desservant trouvant alors qu'il était bien doux de vivre sans rien faire, au milieu d'un peuple laborieux, nourrit les préjugés naissants sur la divinité factice; il en fit naître d'autres pour se rendre plus recommandable. Les chefs des hordes qui s'élevèrent successivement, sentirent que pour mieux gouverner les hommes, il leur fallait bien traiter le desservant et faire cause commune avec lui; et dès-lors la petite chapelle devint un temple simple d'abord; puis chacun des intéressés s'en trouvant bien, le luxe s'en mêla;

car il faut du luxe pour imprimer du respect. Le temple s'agrandit : il eut son *naos* ou nef, son lieu saint, *aditum*, son portique ; et tout cela ne lui donnant pas assez de majesté, on le plaça sur une montagne ou hors des villes, et on l'entoura d'un bois sacré, *lucus*, qui par son ombrage alimentait le respect. On plaça dans l'intérieur de ce temple les statues des dieux qu'on multipliait au besoin ; et à ce sujet le marbre, l'ivoire, l'ébène, les métaux les plus précieux furent mis à contribution et façonnés par les plus habiles artistes. Chacun y portait son offrande, y suspendait les *ex voto* que lui suggérait la reconnaissance. Or, un desservant dans un aussi grand édifice, ne pouvant suffire au zéle des croyants, qui augmentait chaque jour, le sacerdoce se répandit sur plusieurs initiés ; et de là, les pontifes et les prêtres, dont les vêtements de lin indiquaient la candeur du cœur, dont les mains bientôt cherchèrent la vérité dans les entrailles des grasses victimes qu'on dévouait au culte religieux, et dont la bouche pure la rendait au peuple, qui les croyait les interprètes des dieux. Que de réflexions pour un philosophe qui se repaît en ce moment des observations que lui offre la longue chaîne d'opinions en ce genre, depuis l'enfance du monde, jusqu'au temps actuel !

(5) L'autel, chez les anciens, comme encore aujourd'hui parmi nous, était placé au milieu de leurs temples ; souvent aussi il était placé au dehors, en face du portique. On élevait également des autels sans temple dans les campagnes et les bois sacrés ; on en voyait même dans les places publiques, où chacun avait droit de sacrifier. Quant aux temples, ils étaient entourés de vergers défendus par des murs fort hauts ; les fruits qu'on y cueillait servaient au culte des autels sans préjudicier à ceux que la piété y venait offrir aux dieux.

(6) Un des Troyens, ennemi de cette illustre grèque, selon Homère, frappé de l'éclat de ses charmes, ne put, en la voyant, se refuser à rendre justice à la vérité, « Non, dit-il, on ne doit pas en vouloir aux deux nations de tant souffrir pour une telle femme. Elle a vraiment un port de déesse ; néanmoins, toute belle qu'elle est, qu'elle s'embarque pour retourner chez elle ». Stésichore, d'après Athénée, ajoute que les pierres tombèrent des mains de ceux qui allèrent la

lapider pour cause de son infidélité à Ménélas, surpris de l'admiration qu'excitait en eux la beauté de ses traits.

(7) J.-A. Ségur, dans son *Essai sur les moyens de plaire en amour*, dit avec beaucoup de délicatesse :

Jupiter aux mortels voulant donner le jour,
Fit naître la Pudeur et l'on connut l'Amour.

(8) Ce sont les Grâces que les Grecs placèrent à la suite de Vénus ou de la déesse de la beauté, dont elles faisaient le premier cortège. Hésiode en comptait trois, qui sont Aglaé, Thalie et Euphrosine; il les dit filles de Jupiter et d'Eurinome. On les a regardées comme vierges dans la persuasion où l'on était qu'elles ne pouvaient jouir de tous leurs charmes que dans un état de parfaite liberté, qui les rendît inaccessibles à toute passion qui aurait altéré la douceur, la gaîté, et ce don de plaire, qui est leur premier attribut. Les anciens les ont toujours peintes, l'une nous offrant le dos, et les deux autres vues de face, comme voulant nous dire, qu'une faveur qui part de nous, nous revient toujours double.

(9) Resserrant toutes ces idées, *Ottavio Rinuccini* dit bien joliment dans ses *Rimes* :

L'oro del crine, la maestà del viso
La porpora de' labri, il sol degli occhi,
Della fronte le rose e' il bel narciso,
L'arco del ciglio che saette scocchi,
La voce, e'l gesto, e'l portamento, e'l riso,
Il guardo che ferisce ovunque, tocchi,
La grazia sua, la sua virtù divina
Fan dell' anime dolce rapina.

(10) Peintre célèbre de l'isle de Cos, qui écrivit sur son art, au dire de Pline, et fit le portrait d'Alexandre le Grand au naturel. N'ayant pu terminer une Vénus, il n'y eut personne après sa mort qui osât l'achever.

(11) C'était la coutume chez les anciens grecs, que les enfants fussent menés au temple de Vénus pour lui faire hommage de leurs premiers dons, à l'âge où le cœur commençant à éprouver les douces influences du plus pur amour, sent les besoins de partager les émotions avec l'être qui sympathise le plus avec lui : « Peindrai-je, dit à ce sujet le sensible auteur des Fêtes de la nature, les mères parant leurs filles avec une tendre inquiétude, et l'embarras ti-

mide et expressif des jeunes filles? Déjà les Hiérophantes ont donné le signal de la cérémonie sacrée; les enfants des deux sexes, partagés en deux chœurs, sont couronnés de myrtes; l'éclat de leur teint qu'une pudeur ingénue colore, le dispute à celui des fleurs. Là, des cheveux blonds coulent et se déploient en ondes sur des épaules charmantes. Ici, les tresses vagabondes d'une noire chevelure font ressortir l'albâtre d'un cou ravissant; là, c'est la grace, plus loin la majesté. Celle-ci à l'œil étincelant, à la démarche d'une Bacchante, semble appeler le plaisir. Celle-là, craintive et timide, l'œil demi-voilé de larmes, promet une lente volupté. L'autre, plus farouche et sauvage, annonce qu'elle luttera contre son vainqueur, et lui assure déjà tous les plaisirs de la résistance ».

(12) Ville de l'isle de Chypre consacrée à Vénus. Aux environs était une source d'eau-vive, au pied de laquelle, près le rivage, s'élevait le temple consacré à cette déesse. La ville ne subsistait déjà plus du temps de Pline, quoique le temple et le bois qui l'entourait, y fussent encore. C'est dans ce bois, que la déesse de Cythère, au dire de Virgile, transporta le jeune

Ascagne, auquel elle substitua son fils, pour inspirer de l'amour à la reine de Carthage. Les étymologistes rapportent ce nom à *Idalah*, qui en phénicien signifie *lieu de la déesse*, parce que, disent-ils, c'est dans cette isle que cet ancien peuple établit le culte de la déesse Astarté, la même que Vénus. Quelques-uns disent qu'Idalie, est ce qu'on appèle aujourd'hui Dalin.

(13) Il y a dans l'original *carchesia*. Le *carchesium*, si l'on en croit Callixène de Rhodes, est un vase allongé, un peu resserré vers son milieu, ayant des anses qui s'étendent jusqu'à son fond. Ce vase, un peu long, a reçu son nom de sa longueur. Il est fort ancien; Jupiter, à ce que nous disent Phérécyde et Hérodote d'Héraclée, ayant joui d'Alcmène, lui en donna un pour récompense. Charon de Lampsaque assure qu'on le gardait encore de son temps à Lacédémone.

L'OFFRANDE.

O MÈRE bienfaisante de la nature, sous les auspices de qui tout se reproduit dans l'univers; toi, de qui tous les biens reçoivent leur prix; source d'une vie nouvelle pour la jeunesse qui te porte ses hommages, lumière de la création, que les dieux révèrent, et que les hommes adorent par toute la terre (1), émanation précieuse de la mer, source intarissable dans laquelle les siècles puisent leurs moyens de reproduction, ô toi, que les Graces, les Ris, les Jeux et les Zéphyrs accompagnent toujours, soit que tu parcoures les régions lointaines ou que tu te promènes dans ton propre empire, aimable Vénus, qu'il me soit permis d'appaiser ton ressentiment et d'expier mes forfaits en sacrifiant sur tes autels. Ingénieuse dans l'art de fléchir à ton gré la colère des dieux, tu peux, à plus forte raison, calmer les troubles de mon ame. Hélas! pourquoi désormais résisterais-je aux lois que l'on suit à Cythère (2), lorsque tous les êtres leur obéissent sur les diverses contrées de la terre? Pourquoi, nourrissant une plaie si chère à mon cœur, fuirais-je encore le flambeau et les flèches du dieu qu'on y révère? Pancharis, cette fille si belle d'Eudoxe le Stolarque, bouleverse ma raison, sans ralentir sur moi son pouvoir. La cruelle, par un sentiment peu raisonné de crainte, détourne iniquement les yeux de dessus moi et m'accable ainsi par son excessive pudeur. Dans l'âge le plus propre à faire le bonheur d'un amant, elle repousse tous les hommages; et, toujours folâtre, elle ne donne son temps qu'aux jeux et aux plaisirs. Ainsi cette insensée, se complaisant dans son humeur sauvage, méprise impunément les armes et les ruses de l'amour, et, sans se soucier du danger auquel elle s'expose, elle se rit de l'ardeur que lui témoignent ses amants ; et sa mère farouche applaudit à ses principes austères. Puissante déesse, inspire à cette belle des sentiments plus favorables, pour qu'elle accède au plutôt à mes vœux. Fais que, soumise enfin à ton empire, elle nourrisse en son ame le doux sentiment de l'amour, et que connaissant mes feux, elle les préfère aux jeux qui l'occupent. Qu'elle brûle, et que sans s'en douter, ne croyant à aucune ruse de ma part, sa mère favorise nos mutuelles ardeurs. Si tu tardes, ô Vénus, à me rendre heureux par elle, et qu'il te plaise de me voir consumer sans me laisser aucune espérance, désormais c'en est fait de moi. Mais si je dois survivre à ma peine, au moins que ton fils cesse de me menacer de ses flèches cruelles, et qu'il me retire promptement celle qu'il m'a décochée. J'appuie ma prière de ces deux tourterelles, non pour être immolées sur ton autel, car ta puissance reproductive ne pourrait voir sans effroi couler un sang aussi pur, mais pour que toutes deux soient attelées à ton char d'ivoire quand il te faudra parcourir les voûtes célestes pour parler au banquet des dieux (3). Je parfume également ton sanctuaire avec cet encens de Panchée (4) que je brûle devant toi, et j'en purifierai le sol en répandant à l'entour ce lait nouveau que je t'offre. O déesse que les mortels invoquent dans leurs continuelles prières, je m'éloigne ; hélas ! prends pitié de mon sort. Que ma situation présente te touche, et pour qu'un feu destructeur ne m'ôte point les sources de ma vie, accorde-moi promptement le secours que je te demande. Glorieux de ta faveur, je paierai sur ma cithare (5) le tribut dû à ta puissance, et ma voix, se mêlant à ses sons, élèvera tes louanges jusqu'aux nues.

---

(1) Il suffit de lire les poésies d'Orphée, d'Homère et autres anciens, pour voir combien Vé-

nus était honorée chez les Grecs. Le *Pervigilium Veneris*, qu'on attribue à Catulle, indique qu'elle n'était pas en moindre vénération chez les Romains. Ceux-ci l'adoraient comme la cause de tous les êtres qui peuplent l'univers, l'origine de toutes les productions de la terre, et le principe du renouvellement de toute la nature, en ce que, liant tout ce qui vit sous les chaînes du plus pur amour, elle contribuait à la durée des siècles par des reproductions successives, auxquelles présidait la volupté. Ils lui offraient encore leur encens, à raison de ce qu'elle était la fondatrice de leur empire, qu'elle était cause de leur gloire et de leur richesse ; et comme le printemps est la saison où les campagnes de Rome promettaient la belle récolte à leurs cultivateurs, de là ceux-ci célébrèrent les fêtes qu'ils appelèrent *Veneralia*, du nom de cette divinité qu'ils adoraient plus particulièrement en ces jours. On peut ajouter à ce motif de leur choix, que c'est en cette saison que la déesse fait sentir toute sa puissance, que les prairies s'émaillent de fleurs pour la couronner, que les bosquets se peuplent de musiciens ailés pour la chanter, et que les campagnes retentissent des hymnes que lui adresse une joyeuse jeunesse, qui s'avance en dansant vers le temple où le plus pur encens doit brûler pour elle.

(2) Isle de la mer Méditerranée, près le Péloponèse; elle s'appèle aujourd'hui Cérigo. Elle est célèbre dans la mythologie, pour avoir été le lieu où Vénus vint prendre terre après être sortie de la mer à sa naissance, ainsi qu'on le verra par la suite. Du temps où le voyageur Struys y aborda, on y voyait encore sur la plus haute de ses montagnes quelques restes du temple que les anciens habitants de cette isle avaient élevé à cette déesse.

(3) Rien de plus brillant que la variété des plaisirs qui, selon les poètes, occupent les loisirs des dieux dans cette assemblée. La jeune Hébé, d'un air gracieux, leur verse à pleines coupes un nectar qu'ils savourent. Vénus, qu'accompagnent toujours les Desirs, les Grâces, Vénus, dont la ceinture renferme les attraits décevants, les desirs enflammés, les folâtres plaisirs, les discours séduisants et hâtifs, les ruses innocentes et les caprices charmants; oui, cette Vénus qui fait le charme de la vie, les enivre de ces baisers d'ambroisie, que les immortels et à plus forte raison les hommes envient.

(4) Région sabloneuse de l'Arabie, où croît naturellement le *Juniperus Lycia*, qui porte le meilleur encens. Virgile dit : *Totaque thuriferis Panchaia pinguis arenis.* Au dire de Diodore de Sicile, c'est une isle à l'embouchure de la mer Rouge.

(5) Il y a dans l'original, *citharam tibi pectine tangam.* On entend par *pecten*, un onglet de cuivre que les musiciens mettaient comme un dé à coudre aux doigts dont ils touchaient les cordes de leurs cithares, d'où est venue l'expression poétique *sollicitare fides.* La cithare, inventée par Apollon, puis introduite par Olympe de Mysie chez les grecs, tenait le milieu entre nos luths et la mandoline. On l'a souvent, et mal-à-propos, confondue avec la lyre, dont elle est distinguée par le manche, qui lui est propre, et que l'autre n'a point. Mercure fut l'auteur de celle-ci, à s'en rapporter à Homère qui dit : ce dieu étant à la recherche des bœufs qu'Apollon faisait paître, trouva sous l'herbe une tortue. Bonne rencontre, s'écria-t-il alors ; sois la bien venue, aimable objet qui seras l'ame de nos banquets. Viens en mon logis, tu y seras plus en sûreté que parmi les prés. Aussitôt il la prit à

deux mains, l'emporta, et l'ayant vuidée au moyen d'un fer, il en perça le ventre à deux endroits, y adopta deux cornes de bélier, couvrit les endroits ouverts avec du cuir, mit une traverse, et monta son instrument de cordes faites avec des boyaux de brebis; puis, ayant obtenu de lui un son agréable, il le mêla aux accents de sa voix. Il le donna ensuite à Apollon, pour le dédommager des bœufs qu'il lui avait dérobés. La lyre fut depuis transportée au ciel, où elle forma une constellation. Cette lyre fut l'origine des harpes de diverses formes. Le chélis et la mandoline ont un tel rapport, qu'on pourrait les regarder comme une même espèce. Les artistes grecs, dit le Febvre de Villebrune, ont presque toujours donné à Apollon la lyre de Mercure. Lyre signifie attraits, appas, amorces; et cithare, son bruyant; *dulcisona lyra*; et *garrula, strepera cithara*. La lyre a fort varié par le nombre des cordes; celle de Terpandre n'en avait que trois; l'addition d'une quatrième rendit le tétracorde complet. Pollux attribua aux Scythes l'invention du pentacorde. L'heptacorde fut la lyre la plus en usage et la plus célèbre. Simonide lui ajouta une huitième corde pour produire l'octave.

L'ADMISSION.

Il y a long-temps, Zoroas, que j'ai l'intention de vous confier ma fille, pour que vous lui enseigniez les sciences qui conviènent au rang distingué qu'elle tient. Ayant déjà l'esprit orné des premiers éléments de la grammaire, elle sait de plus tracer tous les traits les plus réguliers d'écriture sur ses tablettes(1), et même elle n'ignore aucun des airs de la gamme, nécessaires à connaître pour exceller dans les agréments du chant. Il vous reste à mettre le complément à ces notions, en lui développant toutes les richesses que la nature cache dans son sein, et que par fois elle offre avec largesse à ses favoris. Elle a étudié avec fruit la dialectique dans les livres de Cratès; vous pouvez donc actuellement ajouter, à ce premier fond, d'autres connaissances dont la nouveauté ne pourra que lui plaire. J'aime à croire, et même je l'espère, que Minerve lui sourira sous vos auspices, et qu'elle arrivera plus sûrement au sanctuaire de cette déesse par le chemin que vous lui tracerez. Les matières les plus rebutantes excitent son ardeur à l'étude, et plus elles lui offrent de difficultés, plus elle s'occupe à les vaincre. Mettez des bornes à cette ardeur et disposez sagement de ce zèle qui, laissé à lui-même, serait perdu. J'ai tout lieu de croire qu'elle répondra à vos soins par son application, et de là les espérances que je forme sur ses perfections, quand elle sera initiée dans la philosophie de Platon, qui doit lui frayer une nouvelle route à la distinction. Ainsi, devenue un modèle à suivre et se conformant aux conseils d'un père, qu'une mort imprévue lui a enlevé, elle offrira aux personnes de son âge des titres beaucoup plus recommandables que ceux qu'elle trouverait dans sa naissance et dans ses richesses. J'aime mieux en effet que ma fille soit moins considérée sous l'aspect de la magnificence que sous celui des talents. Hélas! à cet égard, qui pourrait ignorer l'instabilité de la fortune? Si la cruelle est favorable aujourd'hui à quelqu'un, c'est pour le plonger le lendemain dans l'obscurité du malheur (2). N'ayant déjà que trop éprouvé les effets de son inconstance, j'épuiserai tous mes moyens pour mettre ma fille au-dessus de ses coups. Ainsi je ferai ensorte qu'elle puisse s'en rire et même tourner à son avantage ceux qui pourraient lui être portés. Votre âge, jeune homme, ne mettra aucun obstacle à mes vues, persuadée que les qualités que vous avez, ont la probité pour base. Aussi pour que vos leçons soient plus profitables à celle pour qui je vous les demande, je vous offre les agréments d'une commensalité dont je sens déjà tout le prix pour elle. Ma reconnaissance pour vos services n'aura aucun terme, et les preuves en seront plus effectives qu'il ne le sera porté dans nos conventions. Et toi, ma fille, ma seule affection, le plus doux présent que l'hyménée m'ait accordé, tu es dans l'âge où toute semence doit porter germe; livre-toi donc de tout ton pouvoir à une étude qui tournera à ton avantage si tu t'en occupes sérieusement. Souviens-toi que le temps de la moisson viendra, et si par insouciance tu as peu semé dans ton printemps, tu n'auras pas une ample récolte à faire dans ton automne (3). Aye toujours présent à la mémoire que les grands biens n'ont d'avantage qu'autant que ceux qui les possèdent ont les qualités d'esprit qui les rendent appréciables. Vous, Zoroas, cultivez, je vous prie, cette jeune plante qui dorénavant doit être l'objet de toutes vos attentions, et qu'ainsi cette élève, par tous les talents qu'elle vous devra, prouve que les facultés de son esprit vont d'un pas égal avec la beauté de ses traits.

---

(1) Une chose qui mérite de fixer l'attention

du philosophe, est la suite de perfections par laquelle a passé l'art de transmettre la parole aux absents. On traça d'abord des caractères sur une terre grasse, méthode qu'on suivait il y a une vingtaine d'années à Surate, pour apprendre à écrire aux enfants. On substitua à cette terre sujète à se fendre par la retraite, les feuilles d'arbres, dont la structure offrait quelque résistance; telles sont les feuilles de laurier, sur lesquelles les oracles se rendaient à Delphes; les feuilles de palmier, encore usitées de nos jours chez les Indiens et les Persans. A ces feuilles succédèrent des lames de plomb, des tablettes enduites de cire, le liber du tilleul ou *phylira*, chez les peuples de l'Europe, et en Egypte, l'écorce du souchet nilotique, qu'on préparait en formant plusieurs couches de ses feuillets. Enfin, la plus belle découverte en ce genre, en Europe, est celle du papier, découverte qui mériterait tous nos hommages à son auteur, si l'histoire nous en avait transmis le nom. L'instrument avec lequel on écrivit varia comme la matière qui reçut les caractères. Ce fut d'abord une pointe de bois grossièrement formée; puis un stilet de fer, un roseau aminci, un pinceau, enfin une plume convenablement taillée. La diversité fut la même à l'égard de l'encre. Ce fut d'abord la liqueur du Zoophyte, qu'on appéle seiche, *sepia loligò*; ensuite le suc de mûres, auquel on substitua une liqueur faite avec la solution de la suie de cheminée; puis la terre rouge de Sinope, le *minium*; enfin celle qu'on fait aujourd'hui avec la galle, la gomme et le sulfate de fer.

(2) Tant que nous restons dans la vie présente, dit Pindare dans sa seconde ode, la volupté et la peine s'emparent de nous; et la fortune, qui les dispense l'une et l'autre, se permet souvent de changer les lots selon son caprice. Ainsi, dit le même auteur, dans une de ses Pythiques, quand un bonheur fortement desiré nous arrive, il vole au-dessus de nos têtes avec une splendeur délectable, avec un charme qui, nous enivrant, est mille fois préférable aux richesses les plus enviées. Mais si ce charme s'aggrandit en un instant, il disparaît souvent avec la même vîtesse sous le souffle de l'infortune.

(3) Une remarque du poète Simonide, dans ce qu'il nous a laissé sur la vie humaine, est que, tant que l'on conserve la fleur de la jeunesse, l'ame trop légère s'abandonne aux chimères les plus séduisantes. On ne croit jamais arriver à la

vieillesse, et ainsi l'on se flatte de pouvoir éviter la mort. « O mille fois insensés, dit ce philosophe, ceux qui, nourrissant des idées si mensongères, ne s'apperçoivent pas combien le temps de la jeunesse et même celui de la vie entière passe avec rapidité ! Mais vous, qui m'écoutez, soyez plus sages, apprenez, et ne cessez, jusqu'à la fin de votre vie, de rapporter tous les biens à votre ame, dont l'immortalité est le partage ».

L'APPARITION.

O vous qui révérez la belle déesse qu'on adore en l'isle de Chypre (1), apprenez quel a été le succès de ma prière et quel est le bonheur qui m'attend. Je passais la nuit dernière à lier, selon les règles de la mesure, des mots jusqu'alors sans ordre dans ma mémoire, quand aussitôt m'apparut Vénus, aussi resplendissante que l'est le soleil en sortant d'un nuage épais. A peine l'eus-je apperçue, que l'odeur suave de la rose se fit sentir de toute part. Jetant aussitôt derrière ses épaules le manteau qui, flottant sur ses appas, me cachait toute la majesté de sa taille, la déesse m'adressa ainsi la parole : « Je te salue, enfant, d'autant plus chéri des dieux que Bacchus, Apollon et les Muses se sont accordés pour te donner le génie des vers ».

Me parlant ainsi, elle secouait sur mes tempes une branche de myrte chargée de rosée. « Achève ton ouvrage, continua-t-elle, et garde-toi d'oublier les paroles que je te confie, car c'est de ton attention à les retenir que dérivera ton bonheur. Ne balance point et persiste dans ton plan; la jouissance est pour celui qui connaît la peine (2). Cette maxime, applicable à toute entreprise, doit toujours être présente à l'esprit de mes favoris. Les épreuves sont difficiles pour les cœurs indolents; je ne te le dissimule point, mais aussi la récompense attend le courage. J'approuve tes vœux et même je les couronnerai du succès, pourvu que l'orgueilleuse Minerve n'ait sur moi aucune préférence et que son olivier cède le pas à mes myrtes. Tu auras ta belle en toute jouissance; mais souviens-toi de révérer les lois établies à Cythère, lois que les amants insensés ne transgressent que trop souvent ». Elle dit, et s'élevant dans les airs, elle me parfuma d'une odeur de saffran, d'où me vint une force nouvelle qui, s'étendant sur mon cœur, me donna une pleine conviction de la grace divine dont je suis encore tout pénétré. Ainsi je souscrirai aux ordres qui m'ont été donnés, persuadé que mes moyens ne seront point inférieurs à l'entreprise. Mes amis, chantez victoire (3), et que vos cris d'allégresse se fassent entendre jusqu'aux dernières régions de la terre. Pancharis sera en ma puissance ! Çà, qu'un laurier vert entoure au plutôt mon front, car peut-il y avoir pour moi un plus glorieux triomphe ? Ainsi l'encens brûlé sur l'autel aura son succès, et mes dons ne seront point inutiles, aujourd'hui que ma prière est exaucée. Actuellement même, pour que mes amours commencent sous de favorables auspices, on m'accorde ma maîtresse pour donner le complément aux connaissances que son âge comporte. Apprenez de là, injustes détracteurs du culte des dieux, que les offrandes portées à leurs temples manquent rarement de succès. Il m'est donc accordé d'être constamment à ses côtés, de l'instruire et en même temps de bien mériter d'elle. O fonction honorable et d'autant précieuse pour moi que j'aurai occasion de lui inspirer des feux qu'elle ignore ! Aimable Théocrite (4), toi qui, à l'aide d'un chalumeau docile, chantas d'une voix mélodieuse les amours des pasteurs dont tu approuvais les ardeurs, fournis-moi, je te prie, les moëlleux accents dont j'ai besoin. Et toi, Bion (5), agréable interprète des feux dont brûle l'habitant des campagnes, par qui l'infortuné Adonis, blessé à mort, fut si connu de ceux qui aiment, viens à mon aide; imbibe mes paroles du doux charme de l'amour, pour que, si lentes qu'elles soient dans leur effet, elles n'en soient pas moins puissantes dans leur action. En effet un feu qui s'insinue par degrés n'en prend que plus de force, et en augmentant ainsi, il n'en devient que plus durable. O vous qui desirez tourner à votre gré le cœur d'une belle, n'allez pas, croyez-moi, vous comporter à son égard comme un Dace (6), qui, méprisant toute décence pour obtenir sa conquête, saute aussitôt sur elle, s'en rend maître quelle que soit la résistance qu'il trouve, et va jusqu'à prendre des jouissances féroces au milieu des armes, sans être touché des larmes que verse sa malheureuse captive. Au contraire, mettez plus de lenteur dans vos transports; que la patience guide vos moyens de victoire; ils seront certains, s'ils sont accompagnés des graces touchantes du sentiment. Que votre amour soit d'abord caché sous le nom de l'amitié; et gardez-vous bien de demander qu'on vous paye aussitôt de retour. Que vos accents ne parviènent que sourdement à l'oreille de celle à qui vous voulez plaire, et mesurez vos expressions pour ne point trop promptement exciter de feux en elle. Insistez sur ses attraits enchanteurs : ce moyen a sa valeur même à l'égard des plus rebelles, qui se laissent toujours aller à la louange. L'oiseau de Junon dont vous vantez l'éclat, quand il vous approche, n'épanouit-il pas à vos yeux la beauté de son plùmage ? si vous restez dans le silence, il reploie sur elles toutes ces richesses, qui dès-lors ne peuvent faire impression sur vous. Les promesses ont encore leur avantage ; celles qui ont peu d'expérience s'y laissent prendre, sur-tout quand, pour leur donner plus de force, on appèle les dieux à témoin. Ayez donc recours à la foudre aux trois dards que lance Jupiter, aux flèches d'or de la déesse des forêts, et même, pour mieux persuader, jurez par l'égide sacrée de la belliqueuse Pallas. Il en sera de même des larmes auxquelles les rochers eux-mêmes ne pourraient être insensibles. Ah combien de fois ce moyen n'a-t-il point eu son effet sur les plus cruelles ! C'est alors que, du bout des lèvres, vous pourrez hasarder quelques légers baisers, et qu'après les avoir ainsi donnés vous pourrez les reprendre si vous voulez qu'ils vous reviènent avec usure. Sur-tout prenez garde de vous livrer trop ouvertement à votre ardeur ; qu'au contraire vos feux, cachés sous la cendre, ne se développent que peu-à-peu. Si l'on vous sourit avec des yeux animés (7), profitez de l'occasion, mettez en mer, le vent vous appèle. En agissant ainsi, votre esquif peut affronter tous les dangers ; Vénus le guide vers son port sous les auspices les plus heureux.

---

(1) L'isle de Chypre était entièrement consacrée à Vénus ; de là, les descriptions charmantes que nous en ont laissées les poètes, notamment Claudien. On y jouissait, dit celui-ci, d'un printemps perpétuel ; la terre fertile y prévenait tous les souhaits ; des troupeaux sans nombre y paissaient ; les vents semblaient n'y régner que pour y répandre par-tout l'esprit des fleurs ; les oiseaux y chantaient sans cesse ; les bois y étaient harmonieux ; les ruisseaux murmuraient dans

les plaines. Une chaleur douce faisait tout éclore, l'air ne s'y respirait qu'avec volupté. A une extrémité de cette isle, près d'Idalie, sur un roc escarpé, s'élevait le palais de la déesse. Vulcain, son époux, l'avait construit dans les premiers transports de son amour, lorsqu'il reçut cette fiancée des mains de Jupiter. La rigueur des hivers, l'ardeur brûlante des étés ne se font jamais sentir sur ce mont; les orages craignent d'en approcher. Une plaine spacieuse en occupe le sommet; une muraille d'or l'environne et en interdit l'entrée. Il est en ce beau lieu un bocage touffu, où ne sont admis que des oiseaux qui ont remporté le prix du chant au jugement de la déesse. Les arbres y sont sensibles à l'amour, ils aiment et sont aimés. Le palmier se baisse sur sa compagne, le peuplier soupire pour le peuplier, le platane pour le platane, et l'aulne répond au doux murmure de l'aulne. Là, coulent deux fontaines; l'une est douce, et l'autre communique, même au miel, l'amertume de ses eaux. C'est, dit-on, dans leurs ondes, que Cupidon trempe ses flèches. Mille petits Amours, le carquois sur l'épaule, jouent sur leurs bords, ils sont frères et se ressemblent; ce sont les Nymphes qui leur ont donné le jour. Dans ce beau lieu habitent la licence sans contrainte, la colère passagère des amours, l'audace chancelante dans un premier combat, les craintes douces et chères et la timide volupté, les veilles egayées par le jus de la treille, le sommeil acheté par le plaisir, et les larmes qui n'ont point encore appris à couler. Les parjures voltigent sur leurs aîles légéres, et la jeunesse, altière et folâtre, interdit à la vieillesse l'entrée du bocage. L'or et les pierreries brillent de toute part au lever du soleil. On y respire les plus doux parfums. Les Grâces sont debout à côté de la déesse, l'une lui verse le nectar, et les deux autres donnent à sa chevelure ces charmes enchanteurs et cette voluptueuse négligence que l'art n'égala jamais.

(2) Pindare, dit avec raison, dans une de ses Pythiques : « Si les hommes ont quelque bonheur, ce n'est pas sans peine qu'ils l'ont obtenu ; mais, soit aujourd'hui, soit demain, les dieux ne manquent jamais de venir à notre secours. Les décrets célestes sont inévitables, et tel est maintenant dans l'abîme du désespoir, qui s'en relèvera glorieusement par la faveur des dieux, quand le temps sera venu ». Lipse, qui vécut en Flandre dans des circonstances aussi critiques

que celles où fut récemment la France, sous le régne désastreux de la Terreur, disait que, comme les arbres agités par les vents enfoncent leurs racines plus profondément pour s'y fortifier, ainsi les ames généreuses s'attachent plus étroitement à la vertu sous le souffle de l'adversité. Ce sont les misères qui nous donnent le secret important de nos forces; si un pilote avait toujours le vent en poupe, ne déployant jamais les ressources de son art, pourrait-il s'élever au-dessus de la médiocrité? C'est donc une excellente vérité que celle sortie de la bouche de Démétrius, savoir; quil n'est aucun être plus malheureux que l'homme qui n'a jamais éprouvé d'adversité.

(3) Il y a dans l'original, *dicite io Pœana et io sonet ultima Thule. Io* est communément une exclamation qui exprime la douleur, ainsi que l'indique le vers suivant de Tibulle :

Uror Io! remove, sæva puella, faces.

Mais aussi, elle exprime souvent la joie, ainsi que le fait voir ce vers de l'Art d'aimer d'Ovide :

Dicite Io Pœan et Io bis dicite Pœan.

Depuis, on a désigné sous ce nom, des hymnes ou cantiques que l'on chantait en l'honneur de Diane et d'Apollon, pour rappeler le souvenir de la victoire que ce dieu avait remportée sur le serpent Python; cantique que caractérisait l'exclamation dont nous parlons. Dans la suite, on en fit pour Mars, et ceux-ci étaient chantés au son de la flûte, lorsqu'on allait au combat, et souvent même après la victoire. Bientôt les autres divinités eurent les leurs, ainsi qu'on le peut voir chez les auteurs grecs. Quant à l'*ultima Thule*, que nous avons rendu par la *dernière région de la terre*, c'est une isle dont il est fait mention dans Solin, lorsqu'il dit : *Multæ et aliæ circum Britanniam*, l'Angleterre, *e quibus Thule ultima in quâ æstivo solstitio soles de cancri sidere transitum facientes nox pene nulla*; d'où il paraît que cette Thulé des anciens était la plus septentrionale des isles des Orcades, à l'extrémité de l'Ecosse; où peut-être celles qu'on désigne aujourd'hui sous le nom de Shetland, qui sont au nord de celle-ci.

(4) Poète né à Syracuse, deux cents ans avant l'ère chrétienne. Il florissait sous Ptolomée, fils de Lagius, et a écrit de charmantes bucoliques

en dialecte dorique, celui des quatre de la Grèce le plus facile à être entendu des bergers et du peuple. Il chantait, à-peu-près dans le même temps que Ménandre charmait Athènes par ses comédies, d'une morale si douce. Ce poète champêtre est le premier qui ait parlé des égards qu'on doit avoir pour ceux qui cultivent honorablement les Muses : « Ce sont surtout eux, dit-il dans une de ses Idylles, intitulée les *Grâces*, qu'il faut révérer sur la terre, quand on est jaloux de la gloire dont ils sont les organes, qu'on veut étendre celle-ci au-delà de cette vie, et ne pas pleurer un jour dans un oubli général sur les bords du froid Achéron, comme le pionnier, dont les mains portent la dure empreinte du hoyau, déplore sur terre la cruauté de son destin. Je leur souhaite bien du bonheur, continue-t-il, en parlant des avaricieux, bien des trésors, avec le desir d'en amasser de nouveaux, pour qu'ils meurent avec plus de regret, quand il faudra s'en séparer. Quant à moi, les bienfaits des Muses font ma seule ambition ». Notre poète, comme bien d'autres, fut ingrat; ainsi, après avoir flatté Hiéron, comme Virgile depuis flatta Auguste, il se permit quelques sarcasmes contre son fils, et le cruel père le fit mourir malgré toutes les louanges qu'il en avait reçues.

(5) Il était né à Smyrne et florissait sous Ptolomée Philadelphe, deux cent quatre-vingt-huit ans avant notre ère. Moschus, son disciple, dit qu'il mourut du poison. Ses Idylles offrent des images champêtres où respire le sentiment. La poésie en est douce et le style facile.

(6) Peuple cruel qui habitait la Dacie, contrée de la Scythie européenne, comprenant ce qu'on appèle aujourd'hui la Transilvanie.

(7) Il y a dans le texte *sidereis*, c'est-à-dire, brillant comme des astres, expression ordinaire aux poètes latins. Ovide dit, dans son troisième livre des Amours :

Argutos habuit radiant ut sidus ocellos.

Et Arborius, en faisant adresser le discours à une nymphe :

Cum radiis certare Jovis tua lumina possent,
Et possent radiis vincere signa Jovis.

Toutes ces manières de parler ne sont point métaphoriques pour ceux qui étudient le langage des yeux, et qui, connaissant les sources nerveuses d'où ils puisent leur sensibilité, conçoivent comment ils peuvent si facilement devenir les interprètes des vifs sentiments que la passion fait éclore. Sans doute Erasistrate lui portait une attention aussi scrupuleuse qu'au changement du pouls de son malade, lorsqu'en présence de Stratonice il devina la cause d'une affection dont il voyait tous les symptômes caractérisés sur le visage du jeune homme pour lequel il était consulté.

LE TÊTE-A-TÊTE.

Enfin, Pancharis, le sort l'a décidé, et vôtre mère, à qui les Muses furent favorables, cherche à former sa fille sur son exemple. Desirant que vous soyez élevée dans les louables principes de la philosophie, elle veut que vous vous formiez à mes leçons. Ainsi, par mes conseils, vous pourrez mieux acquérir ces richesses inappréciables que l'étude accorde à ceux qui saisissent bien les principes des sciences. Jaloux d'étendre les belles dispositions dont vous avez tant à espérer pour votre gloire, j'emploierai tous mes moyens pour réussir. O parents heureux qui donnèrent le jour à une fille si digne de la faveur des dieux et de l'attachement des mortels! Déjà célèbre parmi celles dont s'enorgueillit l'Ionie (1), une toute autre gloire vous attend quand vous aurez acquis les notions que vous trouverez dans cette douce philosophie qui nourrit l'ame et guide la raison. Ainsi loin de moi cette opinion que les femmes ont l'esprit trop léger pour que Minerve les regarde jamais d'un œil favorable; ou que ce sexe, d'ailleurs si attrayant, ne puisse s'adonner avec fruit à des études qui pourraient contribuer au développement de ses facultés. Le génie s'affaiblit insensiblement quand on le laisse dans un trop long repos, et c'est en vain qu'on se plaint ensuite de n'en plus avoir. Qui n'a point observé qu'une terre, faute d'être labourée de temps à autre, ne produit que de l'ivraie, quelque soin qu'on prène à l'arroser? Cependant n'allez pas croire que Minerve, si sévère qu'elle soit dans ses principes, rejète tout délassement et tout plaisir. Oui, les doux sentiments qui sont naturels aux jeunes cœurs, les émotions, la tendresse même, ont leur pouvoir sur les plus graves philosophes (2), quoique Zénon (3), qui ne les connut jamais, les ait autrefois condamnés et qu'actuellement même la foule insensée des rigoristes les regarde comme criminels. Loin de nous une telle croyance qui nous priverait des plus doux charmes de la vie, et avec laquelle seraient nuls les avantages de votre brillante jeunesse. Un meilleur sort nous attend en suivant les tendres impressions que la nature a gravées dans le fond de nos cœurs, à présent sur-tout que nous avons une perspective de bonheur dont rien ne ternit l'éclat. O Épicure! comme celui-là me paraît bien plus sage, qui, s'abandonnant docilement à ta doctrine, goûte ces préceptes dont la fin est la jouissance (4)! Aucune maxime sévère ne peut, tant qu'il conserve sa raison, le détourner de son plan. Pancharis, rejetez donc cet austère Platon, à moins que vous soyez peu affectée de la haine et peut-être du mépris que vous attirerait la sévérité de ses principes. Ah! tout philosophe qui hait l'amour, hait la nature, dans la fausse croyance où il est que nos cœurs sont de roche. Votre mère, en vous confiant à mes soins, n'a point eu l'intention que je vous forme avec l'âpreté de caractère d'une Scythe. Elle ne veut point également qu'hérissée d'arguments vous vous mêliez sous le portique avec ceux qui se laissent conduire par l'amour de la gloire. Il est ici comme dans tout un juste milieu. A votre âge trop de savoir fut souvent nuisible aux agréments dont brille votre sexe (5). Combien de fois n'a-t-il pas été un obstacle aux avantages qu'il pouvait espérer? Mal dirigé, en lui ôtant les moyens de s'instruire dans les devoirs domestiques, il ne le rend que trop souvent étranger aux soins du ménage. Ne croyez cependant pas que par mon discours je veuille entièrement vous détourner des plaisirs qui dérivent de l'application à ces sciences, dont vous pouvez retirer un nouvel éclat. Je vous accorde que tout arbre doit en sa saison porter son fruit; mais prenez garde qu'au lieu de la récolte que vous êtes en droit d'attendre, il ne vous viène que du feuillage. Les dieux qui vous ont accordé les richesses, vous ont aussi donné l'art de savoir en jouir, et de là l'intérêt qu'elles vous porteront, si vous savez bien les placer. Toutes les difficultés de la grammaire vous sont connues; instruite des principes de la dialectique la plus subtile, vous saisissez les arguments les plus captieux, et les retorquez avec une facilité qui passe la croyance. Qu'auriez-vous donc encore à desirer? Douée de tous ces talents, vous n'en serez que plus encore une amorce où ira, hélas! se prendre un nombreux essaim d'amants. Ainsi, recommandable par l'élégance de votre taille et la régularité de vos traits, et plus encore par l'ingénuité de vos mœurs, à combien de dangers n'allez-vous pas exposer celui qui ne sera point sur ses gardes! que de desirs n'allez-vous pas faire naître, qu'il faudra étouffer au fond de son cœur! A combien de peines ne doit pas s'attendre celui qui, oublié, gémira sur sa triste étoile ! Mais qu'il sera heureux celui qui, décoré du titre de votre amant, recevra votre foi et sera pressé dans vos bras. Ainsi, pendant que vous offrez réunis en vous les charmes dont s'enorgueillisent les trois Graces (6), quel bonheur pour moi d'ajouter quelques avantages à vos perfections en vous donnant tous mes soins. Ma jouissance est au-delà de toute expression, actuellement qu'il m'est accordé d'unir mes moyens aux vôtres, pour faire en sorte que vos connaissances aillent de pair avec votre beauté. Mais en consultant mes forces, je sens déjà que je me suis trop reposé sur elles pour répondre aux desirs de votre mère. De là mes justes craintes qu'inférieur aux circonstances où je me trouve, je ne sois honteusement forcé à rompre mon engagement avec elle.

---

(1) Les Ioniennes étaient en grande célé-

brité pour leur beauté, leur esprit et leur penchant aux plaisirs; les hommes, sur ce point, ne le cédaient en rien au sexe. Telle était l'influence du climat à cet égard; et « comme loin de la corriger, est-il dit dans les *Voyages du jeune Anacharsis*, les causes morales n'ont servi qu'à l'augmenter, les Ioniens sont devenus le peuple le plus efféminé et l'un des plus aimables de la Grèce. Il règne dans leurs idées, leurs sentiments, leurs mœurs, une certaine mollesse qui fait le charme de la société. Dans leur musique et leur danse, ils ont une liberté qui commence par révolter, et finit par séduire. Ils ont ajouté des nouveaux attraits à la volupté, et leur luxe s'est enrichi de leurs découvertes; des fêtes nombreuses les occupent chez eux ou les attirent chez leurs voisins; les femmes s'y montrent avec l'élégance de la parure la plus recherchée, et les hommes avec tout le luxe possible des vêtements, et tous avec le desir de plaire. »

(2) Il y a dans l'original *Sophis*, que l'on rend souvent par Sophiste. On doit l'entendre ici dans la véritable signification, qui est celle de sage, prudent. Sophiste, dans sa première acception, offrait l'idée de celui qui enseignait

l'art de devenir sage; par la suite, ce terme a été pris en mauvaise part pour désigner un argumentateur subtil, qui pare le mensonge des couleurs de la vérité. Ce n'est guères que sous les empereurs romains que ce titre reprit sa première force; il s'appliquait alors à tous ceux qui cultivaient les lettres, tels que les critiques, les philosophes et autres.

(3) Philosophe né à Cithum, ville de Chypre, quatre cent quarante-deux ans avant l'ère chrétienne. Il fut le fondateur de la secte stoïcienne, qui prit son nom de *Stoa*, un des portiques d'Athènes, où ce sage se plaisait à discourir. Les Athéniens l'honorèrent tellement, au dire de Cicéron, qu'ils déposaient chez lui les clefs de leur ville et lui accordèrent les honneurs d'une couronne d'or. Il vécut quatre-vingt-dix-huit ans. Un jour, dit Diogène de Laerce, sortant de son école, il se heurta le pied et se cassa le gros orteil; alors, frappant la terre, il prononça ce vers de la tragédie de Niobé : « Je vais à toi, pourquoi m'appèles-tu? » Il mourut aussitôt en s'étouffant, ajoute Diogène. Les Athéniens lui firent de magnifiques obsèques, et l'enterrèrent dans le Céramique.

(4) « Non, dit ce philosophe, dans son *Traité de la fin dernière de nos sensations*, je ne puis appercevoir ni comprendre aucun bien dans la vie, si je retranche les plaisirs de l'amour, ceux de l'ouie, du goût, enfin les impressions agréables que les formes des objets font sur mes yeux. Il faut faire cas des hommes, de la vertu et d'autres choses semblables, si cela procure du plaisir; sinon, il faut ne pas y penser ». Ces assertions, quant au physique, sont de toute vérité; elles seraient funestes à la gloire des empires, si elles étaient prises à la lettre.

(5) Cette assertion, quelque vraie qu'on pût la croire, ne doit pas être reçue en toute rigueur. Erasme, qu'on peut écouter sur une pareille matière, conseillait au chancelier Morus de soigner avec attention l'éducation de ses filles, parce que rien, disait-il, ne pouvait mieux occuper le cœur d'une jeune personne que l'étude; et l'opinion de ce savant est d'un tout autre poids que celle de ces gens bizares, qui veulent que même elles ne sachent pas lire. Il est vrai que Sénèque voulait que les princesses et même les reines s'occupassent de l'intérieur de leurs maisons. Mais en manifestant son vœu, il ne prétendait pas les réduire à la quenouille et à l'aiguille.

(6) Ces charmes sont, pour les femmes qui les possèdent, le talisman qui leur attire dans le printemps de la vie la foule empressée des amants. « Oui, s'écrie Pindare dans une de ses Olympiques, en s'adressant aux trois déesses qui les dispensent, toute la volupté, toute la douceur qui arrive aux humains, ne vient que de vous. Sans vous, les dieux mêmes ne sauraient célébrer dans l'Olympe leurs festins et leurs aimables jeux; vous êtes les ravissantes dispensatrices de tout ce qui se fait d'aimable dans ces régions élevées, dans ces belles habitations établies autour du brillant fils de Latone, dans ces palais d'un immortel azur ».

L'ESCLAVAGE.

CRUEL enfant de Cythérée, est-ce donc pour tromper ainsi mon espoir, que, cachant tes ruses, tu me souris pour me tromper (1)? Ah! perfide, mets fin à tes coups, et, me devenant propice, éteins ce flambeau dont le feu est un nouvel aiguillon à mes maux. Oui, qu'un dieu ne viène point sur l'arêne pour essayer avec un mortel, un combat qui, tout à son avantage, ne saurait ajouter à sa gloire. Que ma raison s'éclaircisse et reprène son empire, pour que je puisse oublier jusqu'au nom de celle que j'aime. Hélas! ma prière est vaine; oui, Pancharis, tes charmes ont trop profondément pénétré mon cœur, pour qu'elle puisse avoir son plein effet. Non, je ne suis point né pour la gloire, encore moins pour les armes, forcé comme je le suis actuellement de vivre sous tes lois. En vain, dans l'égarement où me met ma blessure, je cherche par-tout du secours, tous les cœurs se ferment au sentiment de la pitié. Tes traits enchanteurs sont gravés dans ma mémoire, et ils ne s'en effaceront point, quelle que soit ta résistance. Il me semble encore entendre les doux accents de ta voix, et cette suave mélodie avec laquelle tu sais m'attacher à toi. Éloignez-vous d'ici, Nymphes qui parcourez les bosquets du Pinde, si vos faveurs ne me sont d'aucun avantage, et que mes moyens de persuasion ne puissent rien sur elle. Dieux! quel feu mes yeux puisaient sur ses lèvres, lorsque dans une cantate elle marquait la mesure par le battement alternatif de son pied! Ivre de ses charmes comme je le suis, en vain je repousserais actuellement les traits que l'Amour pourrait désormais me lancer. Les Graces m'ont lié, il n'est plus d'espoir dans l'éloignement. Hélas! où porterais-je mes pas, et sur quel rivage resterais-je caché?

Mille amours vont et viènent sur les routes, et s'apprêtent à me ramener captif sous ces agréables liens. Courage, implacable enfant, porte le délire dans tous mes sens; mais qu'avec lui me viène l'espérance, le meilleur moyen de guérison à mes maux. Je boirai alors à longs traits un venin bien doux (2), si ta mère, favorisant ma flamme, lui donne son aliment. Que ma belle aussitôt prenant pitié de mes peines, tourne à nos mutuelles jouissances les soupirs qui se seront échappés de mon cœur.

---

(1) « Amour, tyran des dieux et des hommes, dit Euripide dans une de ses tragédies, ou n'apprends pas aux mortels à aimer ce qui est beau, ou viens favorablement partager avec les amants les peines qu'ils endurent et dont tu es la cause. En agissant ainsi, tu seras un dieu adorable; si tu t'y refuses, tu seras privé de la reconnaissance et des hommages de ceux même qui se plaisent à tes leçons ».

(2) Il y a dans l'original :

Lentius ore bibam patula mihi dulce venenum.

expression prise de Virgile qui, en parlant de Didon près d'Énée, dit d'elle :

. . . . . *Longumque bibebat amorem.*

Les poètes qui ont senti la beauté de ce passage, l'ont transmis dans leur langue : ainsi Aminte, dans le Tasse, avouant à Tircis les causes de son amour pour Sylvie, continue :

E bevea d'a suoi lumi
Un estranea dolcezza
Che lasciava nel fine
Un non so che d'amore.

L'ÉVASION.

PLUS je considère le nombre de hasards auxquels je m'expose, plus je sens que mes forces premières me manquent. Je ne puis cependant rester entièrement en défiance sur le sort qui pourrait, plus promptement que je ne le pense, m'accorder ses faveurs. Cette dernière espérance a, il est vrai, quelque chose de flatteur pour moi; mais mon ame n'en est pas moins agitée, sans que je puisse connaître le terme de mes souffrances. Il n'est plus pour moi ce repos qui naguères adoucissait tous mes ennuis. Les peines d'un amour non satisfait le remplacent, les combats se succèdent et sévissent en moi avec d'autant plus de violence, que je cherche à les cacher à celle qui pourrait les faire cesser. Mais, Pancharis, quoique je sache le parti que la prudence dicte en pareille circonstance, je ne puis cependant de moi-même me résoudre à le mettre à exécution. Votre mère, en effet, a pour moi trop d'égards pour rompre aujourd'hui tout traité avec elle. Donnez-moi donc actuellement le conseil qui m'est nécessaire, et qu'ainsi le mal et le remède me dérivent de la même source. Éloignez de vous un infortuné à qui l'exil seul peut rendre la vie. Éloignez-le au plus tôt, si vous croyez devoir vous soustraire aux chagrins qui pourraient dériver de votre indifférence à cet égard; autrement je prendrai sur vous un ascendant qui aura des suites. Mais en m'éloignant, rappelez-vous le triste sort qui m'attend; et que l'attachement dont je vous ai déjà donné des preuves, soit pour vous un motif de commisération. Oui, éloignez-moi, puisqu'en ornant votre esprit de l'agrément des sciences et des arts, je n'ai de perspective que celle de vous voir en possession d'un autre dont j'envierais le sort, sans que je puisse éviter cette disgrace. Ne méprisez point mon avis; il s'agit de votre réputation; fuyez le danger pendant qu'il en est encore temps. Mon éloignement de vous augmentera, il est vrai, le poids de mes maux; mais au moins c'est le moyen de vous soustraire à tout reproche. Je sens actuellement que j'ai eu trop de confiance en mes forces, lorsque je me suis chargé d'une tâche qui est au-dessus de mon pouvoir. Quelqu'empire que je puisse prendre sur moi, quelqu'agréable même que vous seraient les lois que je pourrais m'imposer, les peines et les inquiétudes qui m'attendent n'en seront que plus grandes. Mais vous direz qu'un philosophe doit être inébranlable en tout, pour mieux supporter les peines de la vie auxquelles il lui arrive d'être en butte. O beauté céleste! effacez donc tous vos charmes, cachez-moi ces yeux si tendres et voilez ces naissants appas qui séduisent mes sens. Cessez d'employer cette douceur de langage qui est un continuel aiguillon aux émotions que j'éprouve. Qu'elle ne se fasse plus entendre cette voix mélodieuse que vous savez si bien marier aux doux accents de votre cithare, et dont le pouvoir est si grand sur ceux qui cachent au dedans d'eux les impressions qu'ils en reçoivent (1). Que désormais elle n'entraîne plus mon cœur à de vives agitations, par cette suite de modulations à peine sensibles, auxquelles je ne puis résister. Qu'elle ne reviène plus, en variant ses tons, sur ces passages chromatiques qui trouvent si bien leur chemin vers mon cœur. Ah! qu'elle insiste plutôt sur les modes lugubres; ou mieux encore, pernicieuse comme elle l'est pour moi, qu'elle garde le plus profond silence. A présent que vous êtes habituée aux difficultés que vous offraient le diapason et la mesure, vous devez, pour répondre aux desseins de votre mère, passer à l'étude du mode phrygien (2). Hèlas! dans l'ignorance où elle est actuellement sur la nature de mes peines, elle m'oblige, en lui obéissant, à forger les traits qui bientôt me porteront les derniers coups. Vous devez vous rappeler la leçon d'hier. Qu'ils étaient doux ces sons que vous moduliez avec tous les charmes de la cadence! ma flûte était tellement parvenue à suivre les intonations, que dans l'agitation où j'étais, je pouvais à peine composer avec moi-même (3). Le mode mineur, par la suite de ses semi-tons, avait presque déjà opéré ma défaite, lorsque le majeur vint me rappeler à moi-même. Cette épreuve m'avertit qu'il est de ma prudence d'éviter tout danger, si toutefois vous continuez à voir mon zèle avec indifférence. Alors, en proie à mes peines et gémissant sur la malignité de mon sort, je serai forcé, par votre cruauté, à vous faire le dernier adieu.

---

(1) Chez les Romains, dans les temps même

les plus brillants de leur empire, la musique était un opprobre pour les personnes bien nées. Il s'en fallait beaucoup que les Grecs partageassent avec eux cette opinion; les héros d'alors, et même ceux qui étaient d'un rang peu distingué, tenaient à honneur d'exceller dans les arts d'agrément; aussi, les noms des maîtres de musique vocale et instrumentale du vertueux Epaminondas sont-ils venus jusqu'à nous, et même figurent-ils à côté de celui du Pythagoricien Lisis de Tarente, son maître de philosophie. Ainsi, Thémistocle, dans un repas, fut regardé comme un homme sans éducation, pour n'avoir pas voulu jouer de la lyre qu'on lui présentait. Boëce, dans son second livre *de Consolatione Philosophiæ*, donne assez à entendre que la philosophie peut s'allier à la musique, lorsqu'introduisant celle-ci en scène, il lui fait dire : *Adsit igitur Rethorice, suadela dulcedinis, quæ tunc tantum recto calle procedit cum nostra instituta non deserit, cumque hac musica, Laris nostri vernula, nunc leviores nunc graviores modos succinat.* Pythagore fut le premier philosophe qui fit secte en musique; vinrent ensuite les Aristoxéniens, ainsi nommés d'Aristoxène, leur chef, qui vivait trois cent vingt-quatre ans avant l'ère chrétiène.

Ceux qui suivaient les fondateurs de la secte Italique, soutenaient, que pour juger de la valeur des tons, il ne fallait avoir égard qu'aux raisons des proportions. Leurs adversaires, au contraire, prétendaient qu'il fallait faire intervenir pour juge, l'oreille, à laquelle il appartenait de décider en pareille matière. On peut voir à ce sujet le Traité de l'Harmonie de Ptolomée le mathématicien, et autres ouvrages modernes.

(2) On attribue à Marsias l'invention de l'harmonie phrygienne, appelée *Mètroon aulèma*, employée principalement dans le culte de Cybèle. Quand on jouait de la flûte sur ce mode, près de la peau de ce satyre, suspendue à Célènes, ville de Phrygie, cette peau, dit Élien, s'agitait, mais elle restait immobile si l'on jouait de la cithare en l'honneur d'Apollon.

(3) Il était d'une bonne éducation, en Grèce, d'apprendre à jouer de la flûte; aussi, Tyrtée, un des plus anciens poètes grecs, qui, général des Spartiates, chanta si bien les vertus guerrières, excella-t-il en ce genre. Chamæléon d'Héraclée, dit, dans son Protreptique, que les Lacédémo-

niens et les Thébains apprenaient tous à jouer de cet instrument. Ainsi, au dire de Douris, dans son ouvrage sur Sophocle et Euripide, Alcibiade avait eu pour maître en ce genre, le célèbre Prosuomus. Epaminondas, selon Aristoxène, apprit d'Olympiodore et d'Orthagoras. Euphranor a écrit un traité sur la flûte. Aristophane manifeste dans ses Détalées, la passion qu'on avait pour cet exercice, lorsqu'il dit : « Moi, qui me suis exercé la main à jouer de la flûte et de la lyre, vous voulez que j'aille fouir la terre ? »

LE MONOLOGUE.

Ainsi, le long de ce ruisseau, débarrassé de tout importun qui m'offusque, tout entier à mes inquiétudes, suivant, dans mes rêveries profondes, ce chemin sous l'ombre de ces mélèzes qui par leurs gémissements alimentent les causes récentes de ma tristesse, je puis revenir sur chacune d'elles, et ainsi mettre la forêt voisine dans ma confidence. O vous, qui avez éprouvé le pouvoir des flèches de l'Amour, à qui ce dieu accorde de faciles jouissances, Faunes, apprenez les tristes destinées que la fortune si capricieuse dans ses largesses, m'a forcé de subir. Je ne viens point dans vos sombres retraites, pour que ma voix plaintive m'attire la compassion de leurs chênes antiques; mais plutôt, si je le puis, pour soulager mon cœur du poids qui l'opprime, en vous faisant part de mes chagrins. Ah ! que les circonstances où je suis ont de rapport avec celles d'un vaisseau qui vient d'éprouver la plus violente tempête. Du moment que les vents suspendent leurs fureurs, le frêle bâtiment va çà et là et doute encore s'il reprendra son premier cours, lorsque le nautonier cherche à le remettre en route. Ainsi, éprouvant les mêmes vicissitudes dans mon amour, je suis soumis aux caprices d'une cruelle qui se fait un jeu de blâmer et d'approuver tour-à-tour mes feux. Dieux, dont la bonté est l'essence, d'où me vient ce mélange d'amertume et de douceur, lorsque ma résignation me méritait un meilleur sort ? S'il est de votre nature de compâtir aux maux ; si la sincérité peut vous toucher, pourquoi ne point me regarder d'un œil plus favorable ? Ainsi, tant que l'amour me tiendra sous son empire, je ne puis espérer un avenir plus favorable, que je suive les routes de la vertu ou celles du vice ! Jour malheureux (1), où je fus la première fois épris de ses charmes, et que mes gémissements rendront à jamais mémorable ! ma raison aussitôt s'éclipsa, et n'ayant plus aucune volonté, tous les moyens de résistance que m'offrait la philosophie furent vains pour moi. Consumé, comme je le suis, en vain, hélas ! je chercherais en moi-même les secours les plus propres à mes maux. Laissons donc un libre cours au destin, qu'il serait folie de vouloir détourner sans espoir de succès. Serre donc, Amour, serre ces nœuds si puissants, et dirige l'ardeur qui m'anime ! Non, l'humide Iris s'élevant dans les nuages qui bornent l'horizon pluvieux, n'est pas plus brillante qu'elle. Quand je considère la fraîcheur de ses joues, il me semble voir une rose nouvellement épanouie sur sa tige. L'ingénuité s'offre sur chacun de ses traits, et la douce persuasion semble avoir fixé son trône sur ses lèvres (2). La pudeur et le desir paraissent tour-à-tour dans ses yeux et sont autant de moyens ingénieux que l'Amour met en usage pour entraîner les cœurs insensibles à ses attraits (3). Quoique son sein semble le disputer en dureté au marbre de Paros, ses molles pulsations n'en sont pas moins fréquentes, une double force l'anime et le met en mouvement; et quand le desir l'élève, aussitôt la pudeur l'abaisse. Ivre d'amour, comme je le suis, je verrais d'une ame tranquille, ces successions d'actions, et ma main n'irait pas partager les jouissances de mes yeux! Périsse l'amant qui porterait jusqu'à ce point l'indifférence! Périsse celui qui priverait ainsi sa flamme de son meilleur aliment! Non, jamais les rosiers d'Idalie, irisés des pleurs de l'aurore, n'exhalèrent d'odeur plus suave que l'haleine qui sort de sa bouche. Lorsque le matin le devoir nous rappèle à nos livres, je prends alors pour prétexte la faiblesse de ma vue, afin que, m'approchant de plus près, je puisse en savourer l'ambroisie et me rendre heureux en l'aspirant. Bientôt ses ris, ses craintes et sa voix harmonieuse donnent une nouvelle force à mes feux. Je lui prends la main, je cherche à la retenir dans les miennes; mais quel bonheur est le mien, quand elle me la tend d'une manière languissante, et qu'elle paraît ne point se repentir de la faveur qu'elle m'accorde ! Combien encore mes émotions ne sont-elles pas vives, lorsque lui lisant les tristes exemples des jeux de la fortune, les larmes coulent sur ses joues, que je voudrais aussitôt sècher de mes lèvres brûlantes. Souvent ma main officieuse se porte là où le désordre de sa chevelure l'appèle. J'en délie et relie les tresses, et je mets toute la lenteur possible à cette agréable occupation, pour en mieux savourer le parfum. Bientôt, les relevant sur sa tête, je les retiens par l'aiguille brillante qui leur donne un nouvel éclat. Si par hasard un peu de poussière s'est glissé entre ses paupières, aussitôt mes doigts vont au-devant, et cherchent à diminuer le mal qui menace;

et pendant qu'ils caressent et adoucissent ces yeux auteurs de mes souffrances, une force nouvelle anime l'ardeur qui me consume. Quelquefois c'est une ordure que je suppose être entre ses dents; elle aussitôt, inquiète, m'ouvre une bouche dont l'éclat égale celui de la rose printannière. J'en admire l'ivoire qu'elle renferme au milieu d'une vapeur de parfum qui alimente ma flamme. Si fatiguée d'une étude trop long-temps continuée, elle vient à reposer sa tête sur mes épaules, me donnant à entendre qu'elle a besoin de repos, ma langue garde le silence, mais mes yeux animés parlent alors pour elle. Quelles délicieuses émotions mon ame n'éprouve-t-elle pas alors! Oui, ma flamme, en ce moment, a tellement trouvé son aliment, que ce n'est qu'avec peine que je rappèle cette belle d'une aussi agréable indolence. Je lui donne à entendre combien cette faveur soulage les maux que j'endure, en activant le feu dont je brûle. Mais, hélas! revenant trop vîte à elle, elle se remet au travail, reprend ses livres, et regrettant le temps perdu, elle cherche à le réparer. Si j'avance quelques paroles qui tendent à mon but, si même je me hazarde à lui reprocher sa trop grande cruauté, elle m'arrête, en me demandant quel est le pays où les Parthes combattirent si cruellement (4); et continuant d'être aussi austère, quel est le lieu où vivent les Gètes (5). Eh! que m'importent, inhumaine, les Parthes fuyards? dis-moi, si tu l'oses, de quelle utilité me seront les Gètes, dont tu me parles; je me meurs, et tu diffères la seule consolation que comporte la nature de mes maux! Tu t'inquiètes peu de compâtir à ma fâcheuse destinée. J'erre çà et là, plus pâle que la triste violette; et desséché d'amour, comme je le suis, les dons de Cérès ne peuvent réparer mes pertes, ni ceux de Bacchus, me donner de la vigueur. Le sommeil me fuit, le sommeil, le bonheur du malheureux! Le myrte n'est plus pour moi, que l'infecte panacée, les lys du printemps me semblent avoir la couleur de l'ellébore; le cytise ne brille plus à mes yeux; les lauriers ne m'attirent plus par leur odeur, la pâleur siége sur les bluets et les roses. Sois-moi favorable, ces fleurs alors jouiront de tout leur éclat, et la mort qui s'approchait d'elles, s'attristera sur la faiblesse de son pouvoir. O Enfant si chéri des amants, toi qui possèdes un arc dont la puissance est si connue, accorde quelque chose à mes prières, et fais que le jour qui va luire, m'apporte le bonheur! Censeur austère, qui ne connaîs rien des délices de l'amour, tu tourneras en risée les dangers attachés à la fatalité de mon étoile. Tu te moqueras de mes larmes et de mes gémissements, persuadé que tu es au-delà des atteintes de l'Amour. Tel que tu es, je le fus autrefois; je haïssais cet enfant et je méprisais ses armes; mais hélas! que je paye cher aujourd'hui mes outrages! Combien les circonstances où j'etais, vont être différentes de celles qui désormais vont régler mon sort à cette aurore de mes amours! Déjà s'est éloignée de moi cette âpreté de caractère et ce honteux penchant à la débauche, sourd aux conseils qui pouvaient le restreindre. Allez, mes accents, allez, dans le désordre où vous êtes, et dites à cette cruelle combien de feux elle allume en mon cœur; Dites-lui que, quelque défavorable que soit sa décision à mon égard, je veux savoir ce qu'elle pense sur moi, afin de faire face à mes malheurs. Hélas! dans l'incertitude où je suis, il n'est point encore d'autre sort que je préfère aux maux qui continuellement me la rappèlent. O brillant parterre qu'elle se plaît à revoir, dans le négligé du matin; et toi, jouissance de son ame encore vuide, charmant rosier, objet de ses soins les plus assidus; frêne, dont l'épais feuillage, agité par le souffle du zéphyr, lui est si agréable, lorsque le sein débarrassé de tout vêtement, elle s'assied sous ton ombre; que ne m'est-il donné de partager votre bonheur et m'enivrer ainsi à la vue de tous ses charmes! Mais déjà le Soleil au loin détèle ses chevaux dans les mers de l'Ibérie (6) et Hesper (7) s'élève de l'horizon; chassant le jour au-delà du couchant qui s'obscurcit. Le pasteur abandonne la prairie et les froids ruisseaux qui l'arrosent; déjà il est loin de cette forêt silencieuse où les accents de Philomèle se font encore entendre. Il s'avance, adoucissant sur ses pipeaux l'ennui de son chemin, et ramenant gaîment des gras pâturages son troupeau à la bergerie, il rappèle de temps à autre avec sa houlette les brebis dont la marche est plus lente. Le voyageur, fatigué sous le poids de son fardeau, fait de nouveaux efforts pour accélérer sa marche. L'oiseau du tropique accourt à travers les plaines de l'air vers les enfoncements des montagnes qui lui sont connues, pour fournir à ses petits la nourriture qu'ils attendent. La mer, la terre, les airs et les forêts sont ensevelis dans le repos à mesure que la Nuit étend son ombre sur l'horizon. Actuellement que tout se présente à moi sous une lueur incertaine, qu'il me soit permis de m'arrêter au milieu de ce séjour, si propre à nourrir les plus tristes pensées ; je pourrai y rendre ces ténèbres confidentes de mes malheurs, et peut-être y trouverai-je quelque fantôme qui voudra bien compâtir à ma peine. Ah qu'elles sont douces ces larmes qu'on verse en commun et qu'elles soulagent bien plus promptement que toutes autres ! Mais la Nuit étend de plus en plus ses noires aîles sur l'horizon, et déjà les spectres légers se répandent çà et là (8). Jouissez de votre bonheur, vous à qui la fortune est favorable et que l'Amour comble de ses bienfaits. Hélas ! pendant que ce dieu vous accorde les plus agréables jouissances, je nourris de mes maux les moments que me laisse le sommeil qui fuit mes paupières. Je brûle, et mes larmes ne peuvent éteindre le feu qui me consume. Tout en fuyant ma demeure, je ne puis fuir la peine qui m'y attend à mon retour. Les soucis, la colère, le desir et la crainte combattent avec l'espoir qui me reste, et ne font qu'ajouter aux causes de mes gémissements. Ainsi de la même source me dérivent le miel et l'absynthe, sans qu'il me reste aucun moyen d'éviter le danger (9). Je m'étais décidé à lui découvrir les doux sentiments que mon cœur nourrit pour elle; mais à peine ai-je hasardé une parole qu'elle se rit de mes aveux. Perfide, pourquoi prendre tant de plaisir à tourmenter un malheureux qui, loin de trouver en tes yeux un adoucissement à ses maux, n'y observa jamais que des indices de rigueur. Ainsi tu seras la cause de ma mort, et en quittant la vie je n'emporterai aucune récompense de ma persévérance! Qu'il en soit ainsi, puisque telle est sa volonté; mais au moins daigne regarder ma fin comme l'effet de mon amour. Hélas! où est donc cet espoir, que naguères encore j'échauffais dans mon cœur? Ainsi sa vertu sévère saura se soustraire à mes desirs; et de cette inhumaine dériveront désormais mon bonheur, mes peines, ma vie et ma mort! O Amour, prends pitié de mon sort, sois propice aux vœux ardents que je fais. Oui, prête-moi ton flambeau et ces traits que tu lances aux cruelles. Je médite une vengeance qui pourra servir d'exemple. Je veux faire connaître les lois de ton puissant empire, et les faire scrupuleusement exécuter. Hélas, ô sort rigoureux! les paroles s'échappent tristement de mon cœur, et à peine sont-elles sur mes lèvres, que les vents les emportent au loin avec les nuages qu'ils mettent en fuite.

---

(1) Les anciens étaient très-scrupuleux à régler leurs affaires, d'après la distinction qu'ils faisaient des jours heureux et malheureux, distinction qu'on doit aux Chaldéens et aux Égyptiens, quoiqu'on la rapporte communément à Hésiode qui, le premier, en a fait mention dans son Traité intitulé les *Ouvrages et les Jours*.

Depuis, tous les auteurs qui ont écrit sur l'agriculture, se sont conformés à elle, sans en excepter de nos jours Mathieu Laensberg, et l'auteur du Messager boîteux, tous deux imbibés des préjugés de l'astrologie judiciaire. Virgile dit à ce sujet : « N'entreprenez rien le cinquième jour, c'est celui de la naissance de Pluton et des Euménides. En ce jour-là la terre enfanta le géant Cée, Japet, le cruel Typhée, et toute la race impie de ces mortels qui conspirèrentcontre les dieux ». Platon tenait le quatrième jour pour heureux, et Hésiode, le septième, parce qu'Apollon était né en un pareil jour.

(2) Lucien, en parlant de Démonax, s'énonce ainsi : « Il avait, dans tout ce qu'il disait ou ce qu'il faisait, des grâces et des charmes qui n'étaient qu'à lui, et ainsi la déesse de la persuasion semblait habiter sur ses lèvres ». Cicéron, en faisant mention de l'éloquence de Périclès, emploie, à peu de chose près, le même langage que ce rhéteur.

(3) Cette idée revient en partie à celle d'Anacréon, qui dit : « Jeune enfant, qui as un regard

virginal, oüi je te cherche; et toi, tu ne m'écoutes pas, tu ignores que tes yeux sont le char sur lequel tu enlèves mon ame ».

(4) Peuple d'Assyrie, aujourd'hui l'Arrack. Les Parthes étaient originaires de Scythie; ils occupèrent d'abord l'Hircanie, entre la Médie à l'Occident, et l'Asie à l'Orient. Ils secouèrent le joug des Macédoniens, deux cent cinquante ans avant l'ère chrétienne, et se donnèrent Arsace pour roi, d'où leurs successeurs prirent le nom d'Arsacides; les Romains les eurent pour leurs plus grands ennemis, et tellement, qu'ils trouvèrent en eux de puissants adversaires lors des guerres d'Occident; ils combattaient même en fuyant.

(5) Les Gètes étaient voisins des Daces, auxquels ils étaient unis par le langage et l'intérêt. Ils occupaient les rives des bouches du Danube, vers le Nord, près la Sarmatie d'Europe.

(6) La contrée que nous appelons aujourd'hui l'Espagne, était connue chez les Phéniciens sous le nom d'Ibérie, à raison de sa situation à l'extrémité de notre continent. On re-

gardait alors ce pays comme la borne du monde, et le détroit qui la limite au Midi, comme le terme des voyages par mer. La fatigue, dit Mimnerme dans ses Nains, au rapport d'Athénée, est le sort du Soleil ; il n'a jamais aucun repos non plus que ses coursiers, depuis l'instant ou l'Aurore aux doigts de rose, quittant l'Océan, s'élève sous la voûte du ciel; car aussitôt un lit de l'or le plus brillant, forgé de la main de Vulcain, le transporte au-delà des mers. Il vole sur la surface de l'onde et dans le sein du sommeil ; il passe rapidement du chœur des Hespérides en Ethiopie, où s'arrêtent son char rapide et ses chevaux, jusqu'à ce que l'Aurore, mère du Crépuscule, arrive ; alors le fils d'Hypérion monte sur un autre char.

(7) On désigne sous ce nom, l'étoile de Vénus ou du soir, lorsqu'elle suit le coucher du soleil, et quand cette même étoile le précéde, on l'appèle en latin *Lucifer*. Il fut de ce nom un roi qui se rendit célèbre aux peuples du nord de l'Afrique, tant pour sa justice que pour sa bonté. Il s'adonnait beaucoup à l'astronomie ; un jour, qu'étant monté sur le sommet du mont Atlas, il observait les astres, il fut, dit-on, su-

bitement emporté par un vent violent. Ses sujets, pleins de reconnaissance pour ses vertus, consacrèrent son nom, en le donnant à la plus brillante des planètes.

(8) Il y a dans l'original *Lemures*. C'était l'opinion des Platoniciens, que les ames ou ombres des bons erraient dans les villes et près de leurs demeures, où souvent, comme de bons génies, ils inspiraient une conduite à tenir aux vivants qu'ils connaissaient. Ceux-ci leur donnaient alors le nom de Lares. Les Lémures étaient les ames des méchants qui, vagabonds dans les campagnes, épouvantaient les hommes et les poussaient dans les étangs et les précipices. On les appelait encore *larvæ*, qui veut dire une vilaine figure, parce que, quand on voulait les personnifier, on leur donnait un visage hideux, une barbe longue, des cheveux courts, et on les représentait portant sur la main un hibou, oiseau qui fut en tout temps de mauvais augure.

(9) Cette pensée est de Louis le Bermen, dans son Bouclier des Dames. « La beauté qui nous engage, dit-il, nous distribue tour-à-tour le miel et l'absynthe : c'est un parterre où crois-

sent les roses parmi les épines ; un médecin qui vous donne quelquefois des potions bien amères malgré le sucre qu'il leur mêle ; et enfin, pour couper court sur d'autres comparaisons qui ne pourraient que déplaire au sexe dont nous ambitionnons l'estime, c'est un artisan malicieux qui ne contracte jamais de bonne foi avec nous ». Le poète Hafez, qui florissait à Shiraz, au temps où le fameux Tamerlan défit le sultan Shah Mansor, et renversa la dynastie régnante, offre à peu près les mêmes idées que présente l'original dans ce passage, du moins à s'en rapporter à son traducteur.

In love's perplexing path, i know,
From the tempestuous storm of woe
 Man never yet founds safe retreat;
But tho hast power to much to charm,
That, heedless of each future harms,
 I dare its utmot rage to meet.

LE RAPPEL.

Quoi! Zoroas, à peine vous m'êtes connu, que par votre retraite vous vous décidez à frustrer les espérances que je fondais sur vous! En nourrissant mon ame des connaissances profondes auxquelles je commençais à me livrer avec plaisir, je comptais vous devoir l'abondante récolte que m'aurait valu mon application à l'étude. Serais-je déçue dans mon attente, et pourriez-vous par votre éloignement me priver ainsi de toutes les instructions que vous m'avez promises? Ah! gardez vous d'exécuter un pareil projet, et, favorisant mes desirs, reprenez tous vos droits sur moi. Plus en effet je vous considère, plus j'apperçois des moyens de liaison que je crois ne devoir point rejeter. Si même je dois avoir quelque confiance aux oracles (1) d'une Lybienne, les mêmes destins nous régissent et nous régiront encore plus lorsque le temps nous aura donné lieu de nous mieux connaître, et de là peut-être dériveront les nœuds d'une nouvelle amitié. Continuez donc vos efforts avec courage, et dirigez vos moyens où la gloire et la récompense vous appèlent. La jalousie règne déjà chez vos rivaux; en vous éloignant vous leur donnez gain de cause. Quelles que soient leurs présomptions, qu'ils soient trompés dans leur attente, et qu'ils rougissent de vous avoir pris pour objet de leurs sarcasmes. Pensez à vous concilier dès à présent l'amitié de ma mère, si vous persistez à suivre une route qui peut vous mener au bonheur. En desirant me voir l'esprit orné des talents que comportent mes moyens et ma naissance, elle entretient avec raison l'agréable espérance que vous m'accorderez tous les secours qui sont en votre pouvoir. Mettant toute sa confiance en vous, et répondant à mes instances, elle vous donne des preuves certaines d'un dévouement qui pourra par la suite vous être de quelqu'avantage. Écoutez donc mes avis et répandez sur moi quelques unes de ces fleurs dont Apollon et les Muses sont par fois prodigues, et pendant qu'elle le desire, formez un cœur d'après les principes d'une saine philosophie et ne mettez aucune réserve dans vos moyens de doctrine, qui me sont inconnus. Quoique les sublimes principes de Platon soient ceux que ma mère adopte, cependant elle vous laisse toute la liberté dans le choix. Ainsi lorsque vos leçons m'auront mise dans le cas de répondre aux vœux de ma mère, quels ne seront point vos titres! quelles graces n'aura-t-elle point à vous rendre! quels motifs pour elle de favoriser vos vues, si elle venait à les approuver! Tout vous sourit actuellement même que votre bonheur est à son aurore. Une grande entreprise demande des efforts qui lui soient proportionnés. Mille moyens vous restent; nous les tenterons ensemble et mon desir de réussir n'en laissera aucun sans l'éprouver. Vous pourrez facilement vous rendre ma mère favorable, et ainsi obtenir un assentiment digne de votre persévérance. Cette tendre amie veut que je défère entièrement à vos avis; elle m'a enjoint, qu'elle soit à la maison ou non, que j'aye également à recevoir vos leçons. Cet ordre n'a point été contraire aux doux sentiments que j'ai conçus pour vous, mais vos dernières paroles y portent le plus grand obstacle. Non, il ne me convient plus de recevoir vos instructions en particulier, soit qu'elles ayent pour objets la Cosmologie ou la Littérature. Je ne dois plus marier les vibrations de ma cithare avec les sons moëlleux de cette flûte qui a si bien su trouver le chemin de mon cœur. Ah! rompons désormais sur ces chants langoureux qui pourraient allumer en nous un feu inconnu. Livrons-nous tous deux à l'étude; mais toujours sous la sauve-garde de ma mère ou de ma sœur. Employons notre temps sous l'égide de la sagesse, pour éviter que le malheur ait quelque prise sur nous.

---

(1) Les oracles, dit Cicéron, sont ainsi appelés *quod iis inest deorum oratio.* Cet auteur en distingue deux genres; l'un où ce langage des dieux est manifesté par des personnes hors de leurs sens, et l'autre par le sort qu'on tirait de l'urne. Les oracles étaient la plus auguste et la plus religieuse espèce de prédiction de l'antiquité : l'insatiable et insensé desir de connaitre le secret des dieux, leur donna naissance; l'intérêt les accrédita chez les esprits faibles, et le fanatisme les multiplia tellement par toutes les villes de la Grèce, que non seulement les dieux, mais encore les hommes célèbres, avaient les leurs: les oracles de nos jours n'ont plus de temples comme autrefois; un grenier, un taudis est le modeste lieu où les indigents et les riches crédules vont chercher la volonté des dieux. Pauvre humanité! Si les siècles en se renouvelant amènent des changements dans les empires, ils laissent toujours le plus grand nombre des hommes moisir dans l'ignorance, mère des préjugés.

LE REMÈDE.

Sont-elles vraies ces merveilles que l'antiquité a consignées dans l'histoire? car trop souvent le mensonge en a sali les pages. Il coule, dit-on, sous les murs d'Argos une source nommée Sélénon, dont les eaux, lorsqu'elles sont pieusement bues, guérissent les blessures de l'Amour (1). O source, dont la vertu peut m'être si favorable, j'irai demander part à tes bienfaits, pour qu'on ne me reproche point d'avoir péri par ma faute. Oui, j'irai au plutôt vers tes eaux salutaires, pour revenir vengé et guéri de mes blessures. Hélas! lorsque près d'elle je me repais de ses charmes, l'heure a pour moi des aîles, tant sa beauté occupe agréablement mon attention. Si je m'en éloigne, ma peine est sans égale. Si je suis près d'elle, se surpassant dans son badinage, elle me porte les coups les plus funestes. Je voudrais alors la fuir, mais un charme secret me fixe auprès d'elle; est-elle absente, ses traits qui sont gravés dans mon cœur me la rappèlent. Je dessèche près d'elle, je me meurs en la quittant, et je ne puis chasser de moi des pensées qui, n'étant point réalisées, mettront bientôt un terme à ma vie. Non, rien ne peut éteindre ma flamme, et je manque des moyens qui pourraient en exciter une semblable en elle. Ainsi, lorsque toutes mes espérances sont encore fondées sur l'incertitude, je m'abandonnerais à un malheur qui n'est que trop certain! O fontaine Sélénon, accorde tes eaux à mes desirs, puisqu'enfin je veux briser tous mes liens. Si tu me refuses cette faveur, ce jour sera le dernier qui verra couler mes larmes. Succombant aux cruelles angoisses qui tous les jours se renouvèlent pour moi, je descendrai bientôt vers les rives du Styx (2), à moins que cette belle ne mette promptement fin aux rigueurs dont elle m'accable.

(1) De tout temps, les hommes ont cherché dans les eaux qui sourdent des entrailles de la terre, des moyens de guérison aux maux qui affectent leurs organes. Si quelques circonstances en favorisèrent le succès, la religion, à cet égard, s'empressa bientôt à confirmer les préjugés; et de là, ces pélerinages chez les anciens, comme ils avaient lieu naguères parmi nous, pour aller puiser à leur source ces moyens si vantés de guérison. Telle était la fontaine Alisson chez les Cynéthéens, en Arcadie, dont les eaux, au rapport de Pausanias, guérissaient la rage, lorsqu'on les prenait intérieurement. L'efficacité des eaux ne fut point bornée aux maladies du corps, et bientôt aussi on y eût recours pour celles de l'esprit; mais pour le cas qui nous occupe, elles furent toujours inefficaces. *Nullâ enim*, dit le viéillard Philétas, dans les Amours de Daphnis et Chloé, *amoris est medicina, nec cibus, nec potus, nec carmen ullum præterquàm osculum, amplexus, et nudorum corporum concubitus.*

(2) Au réel, le Styx était une fontaine dont Ptolomée fait mention, laquelle était connue depuis long-temps en Egypte, lorsque les poètes grecs voyageurs la transportérent, comme quel-

ques autres fleuves du pays, dans les noires régions des ombres. Ce fut, selon la tradition égyptienne, près de ses bords, qu'Isis ensevelit les membres de son époux Osyris, que Typhon, son assassin, avait mal cachés. Cette déesse choisit ce lieu à raison de son accès difficile, et de ce que les eaux de la fontaine murmurant avec un bruit sourd, elles inspiraient la tristesse qui convenait à cette sépulture. Orphée, en apportant à ses compatriotes la fable des enfers, ne manqua pas d'y mêler le Styx. Ses successeurs travaillèrent sur cette idée première ; ils dirent que ses eaux étaient vénéneuses ; et qu'ainsi Isis, par ordre de Jupiter, étant allée puiser de l'eau de cette source, elle ne put trouver un vase propre à la contenir, sinon un de corne de cheval, qui n'était point fragile. Puis Platon renchérit sur eux, en disant que les eaux en étaient bleuâtres, que le poisson qu'elles contenaient en était petit, décharné, noir, ainsi que tout les reptiles hideux qui séjournaient sur ses bords. Enfin, les législateurs entretinrent l'idée, que les traîtres et les calomniateurs allaient, en mourant, se vautrer dans les marais fangeux qu'elles forment en se répandant au loin, opinion que nourrissent encore beaucoup de peuples idolâtres.

LES CONSEILS.

Avec quelle aisance se succèdent vos conseils! mais que d'obstacles se présentent lorsque je pense à les mettre en pratique! Quoi! Pancharis, non seulement je verrais, mais encore j'admirerais tous les jours vos charmes, l'espérance affermissant mes desirs, et mon cœur en butte à leur pouvoir, s'offrirait à des traits dont le venin ne pourrait que lui être funeste! Ainsi mes vœux s'évanouiraient emportés sur les aîles de l'illusion, sans qu'il me soit donné de connaître le terme de mes maux! Non, je me sens peu propre à subir de pareilles épreuves, qui ne pourraient que tourner à mon plus grand malheur. Au printemps de la vie, dans cette saison où Vénus vous inspire, où votre cœur doit vous parler pour un amant, répondez aux douces émotions qui se font sentir en vous, et quelqu'opposée que vous soyez à un joug que toute fille aime, quand l'expérience lui en a fait connaître la douceur, ne cherchez point à l'éviter, et souffrez que l'Amour ait sur vous quelqu'empire. Oui, ses lois ne peuvent que vous plaire, quand vous aurez goûté le plaisir qu'on éprouve en se rangeant sous elles. Mais gardez-vous de celui qu'on pourrait feindre, si, quelqu'indifférente que vous puissiez être, votre repos vous intéresse. Ah ! gardez-vous-en, d'autant plus qu'il vous serait cause d'une bien grande amertume. Ne perdez point de vue mes conseils, encore moins l'utilité dont ils pourraient vous être, si vous les preniez pour règle de votre conduite. Pendant que les roses de la jeunesse qui s'épanouissent sur votre visage annoncent qu'il est temps, ne donnez pas tous vos loisirs à l'indolence. Hélas! quand les rides de la vieillesse viendront déparer votre front, succombant sous le poids des années, en vain vous regretterez alors le temps passé. J'ai connu beaucoup de personnes de votre sexe qui, arrivant à l'hiver de la vie, pleuraient avec raison une jeunesse exempte de tout joug. Quoi de plus brillant que la rose qui s'épanouit au retour des premiers zéphyrs ! un jour s'écoule et rien ne lui reste de sa précédente fraîcheur. Il faut donc savoir cueillir cette fleur quand aucun obstacle ne s'y oppose ; autrement, pour peu qu'on diffère, elle tombera de sa tige avec toute la laideur de la vétusté (1). Ainsi, que des idées mensongères ne vous mènent point trop loin, et que l'unique but de vos travaux soit de plaire. Il est des lois que Vénus dicte aux belles ; si une fois elles les méprisent, elles s'exposent à toutes les rigueurs du sort. Que vos études tournent donc à l'avantage de votre beauté, et sachez mettre un frein au desir que vous avez de vous instruire. Connaissant Glaucie, la fille de Mycinne, le Crétois, vous n'ignorez point les qualités qui la rendirent si célèbre ; eh bien ! elle perdit ses plus belles années dans la recherche des choses les plus abstraites, s'inquiétant peu des jouissances que pouvait lui procurer l'Amour dans cette saison de l'âge où un essaim d'amants bourdonnait près d'elle. Actuellement instruite par l'expérience, Glaucie regrète la saison perdue ; en vain elle appèle les Amours, ils ont tous pris la fuite. Comportez-vous donc aujourd'hui avec plus de prudence, et usez de votre empire pendant que vous en avez les moyens. Rien ne manque à la beauté de vos traits ; Minerve vous sourit sous tous les rapports ; à ces avantages vous pouvez ajouter celui que vous tirez du rang illustre de vos aïeux. O fille encore plus heureuse, si à ces titres vous ajoutiez les agrémens de la jouissance que vous trouverez dans le cœur d'un tendre ami ! C'est sous ce rapport que j'ose m'offrir aujourd'hui à vous ; croyez à la sincérité de mes vœux. Vous ignorez la douceur d'un pareil lien. Ah ! faites-en du moins l'essai : avec eux, la vie ne peut que vous être plus agréable ; par eux aussi les droits que vous donnent votre beauté et votre esprit ne pourront que trouver leur place. Ainsi ne dédaignez plus une liaison dont je vous ai fait connaître les douceurs, et, vous rappelant tout ce que je viens de vous dire, daignez enfin accéder à mes conseils.

---

(1) Cette comparaison de la beauté avec la rose nouvellement éclose, est si naturelle, que les poétes des différents pays l'ont employée sans qu'on puisse dire qu'ils se la sont prise. Ainsi, Ottavio Rinuccino dit dans ses rimes :

Ah! questa che cotanto il mondo apprezza,
Nostra mortal bellezza
Qual rosa langue al trapassar d'un giorno,
Ch' al matutino gielo
Spargea d'odor il cielo ;
Poscia al mancar de' rugiadosi albori
Perde gli antichi onori
E smorta e scolorita
Al fin poi cade e piu non torna in vita.

LA RÉPRIMANDE.

A QUOI peut tendre le discours recherché que vous venez de me tenir, et qu'espérez-vous, Zoroas, en insistant sur les raisons dont vous l'accompagnez? Je connais trop le bon état de votre raison pour le rapporter à un but dont j'aurais à rougir. Jusqu'ici, entièrement occupée par goût de l'étude des sciences qui nourrissent mon ame avide de connaissances, j'ignore de qui j'implorerais les secours, si l'Enfant aîlé de Paphos venait à me blesser. Je n'ai également aucune idée des jouissances que m'apporterait un amant, éloignée comme je le suis de tout joug qui restreindrait mes volontés. Peu curieuse d'un pareil bonheur, je l'abandonne à l'avenir, qui, je l'espère, fixera ma croyance. Occupée actuellement de choses plus essentielles, je me laisse conduire où Apollon m'appèle, et encore plus où m'attirent les charmes de la philosophie. Ces études me suffisent; elles me promettent d'ailleurs une moisson dont la perspective me récrée, lorsque le chagrin m'obsède. Ainsi, pourvu que les Muses me voyent toujours d'un visage riant, et que ma lyre résonne les airs qu'elles m'auront appris, que l'on me taxe de folie, j'en supporterai l'affront, dédommagée par des jouissances que m'ont déjà procurées mes travaux. L'avenir m'inquiète peu; toute entière à mon avancement, pourquoi m'abandonnerais-je aux pièges de l'erreur? Ne cherchez donc plus à m'émouvoir en me faisant part d'un sentiment dont l'aveu ne pourrait vous être de quelqu'avantage. Plus de plainte désormais, et que les sciences occupent tous nos moments; car quelles que soient vos opinions sur le mieux, vous ne devez pas ignorer que ce qui est inconnu ne peut rien offrir qui intéresse. Que votre langage se rapporte donc à notre objet.

Évitez toute voie oblique où nous pourrions tous deux trouver le déshonneur. Ah ! combien de personnes de mon sexe ont versé de larmes pour avoir écouté le langage trompeur de l'Amour ! Tenez-vous-en donc plutôt à mes avis et ne pensez point à une récompense que fait quelquefois accorder une constance bien éprouvée. Dites-moi ; quel est l'athlète courageux qui courrait de bourgade en bourgade pour se mesurer avec un chacun, s'il savait qu'on voulût lui adjuger le prix avant de combattre ? Pour peu qu'il soit jaloux de sa gloire, ne rejèterait-il pas avec dédain une semblable proposition (1) ? Contentez-vous donc actuellement des preuves d'une amitié que j'approuve et avec laquelle vous ne pouvez que m'être agréable.

---

(1) Passage emprunté d'Horace, qui l'a emprunté du sentencieux Théognis, contemporain

de Simonide, d'Anacréon et de Pisistrate. Les meilleurs poëtes se donnent souvent cette licence, témoin, parmi nombre d'autres, Virgile, qui dans ses Géorgiques, a pris de Moschus sa sublime comparaison : *Qualis populeâ mœrens philomela*, etc.; et le Tasse qui a emprunté de Lucrèce la troisième strophe de sa Jérusalem délivrée :

Sai che la corre il mondo ove più versi
Di sue dolcezze 'il lusinghier Parnasso.

Et Milton qui s'est approprié nombre de beautés que lui a offertes la Sarcothée de Jean Massénius, sans seulement le nommer; et notre auteur, qui dans le morceau intitulé la *Campagne*, a su placer dans un beau jour, plusieurs traits de la superbe Ode II des Epodes d'Horace :

Beatus vir qui procul negotiis.

LA FLUTE.

AGITÉE par mes lèvres, commence, ô ma Flûte, ces airs dont retentissent les côteaux du Ménale (1), commence et continue joyeusement par des sons de plus en plus mélodieux.

O ma douce consolation! si, quelquefois assis à l'ombre, j'ai tiré de toi quelques légers sons; si, à l'écart, j'ai par eux récréé jusqu'aux frênes sauvages, je te demande, comme une faveur, que tu me rendes les vibrations qui me plurent tant autrefois. En réjouissant ma belle, touche son cœur par ces modulations à qui la nouveauté donne tant de pouvoir. On dit que les pierres de Thèbes se mûrent par les accords de la lyre d'Amphyon (2), et qu'elles se placèrent d'elles-mêmes pour en former l'enceinte; qu'en pleine mer, Arion (3) attira vers lui par son chant un dauphin, qui le prit gaîment sur son dos et le porta en sûreté sur les terres voisines. Orphée (4), avec ces deux moyens, avait fléchi le farouche Pluton. Prends donc ton tour; sois-moi favorable, et, pour qu'on ne déprécie pas le pouvoir de tes sons, rends-moi enfin moins sévère celle qui se refuse à toutes mes raisons.

Agitée par mes lévres, commence, ô ma Flûte, ces airs dont retentissent les côteaux du Ménale, commence et continue joyeusement par des sons de plus en plus mélodieux.

Fils chéri de Jupiter, divinité et honneur des poëtes de l'Aonie; ornement toujours nouveau de l'Hélicon; toi, dont la blonde chevelure brille d'une clarté céleste, écoute celui qui t'appèle et donne à mes sons la douceur qui leur convient, pour que ma belle, docile à leurs modulations, ne puisse me résister, et qu'on ne dise point que j'ai succombé sous le poids de mes maux. Tu m'as enseigné la propriété des plantes et le genre de guérison que comportaient les diverses maladies; oui, c'est avec plaisir que j'en fais ici l'aveu. Tu m'as ensuite attiré vers les collines et les fontaines du Pinde, où m'attendait une autre gloire (5). Ma flûte d'ivoire ne fut pas sans quelqu'agrément à tes oreilles, et même encore elle ne leur est point indifférente. Moi-même, si je fus cité comme auteur de quelques chants amoureux, je le dois à ton inspiration. Mets donc le comble à tes faveurs, en me suggérant des airs qui puissent servir mon amour.

Agitée par mes lèvres, commence, ô ma Flûte, ces airs dont retentissent les côteaux du Ménale, commence et continue joyeusement par des sons de plus en plus mélodieux.

Quelle fille plus belle mérita jamais plus ton attention, au moment où l'Hymen l'appèle au lit nuptial? Tu sus trouver le chemin du coeur de la fière Cyane, lorsque Héron te faisait résonner par de doux frémissements. La clarté de ton son fit également impression sur la craintive Delphide que n'avait encore pu émouvoir la foule des amants. Ne me sois pas moins favorable ; accède à ma prière, toi, la seule espérance qui soutient mes desirs. La déesse de Cythère s'est emparée de tous mes sens ; je suis entièrement soumis au pouvoir de l'Amour, sans aucun espoir de trouver la paix hors de son empire. Appaise le tumulte qui règne dans mon cœur, et donne l'aliment qui convient à ma flamme, afin que par lui mes maux éprouvent quelqu'adoucissement. Ah ! si par hasard tes sons frappent inutilement ses oreilles, si tes accents, qui eurent autrefois tant de pouvoir, ne me sont aujourd'hui d'aucune valeur,

Cesse, ma Flûte, cesse désormais ces airs dont retentissent les côteaux du Ménale, et ne répète plus aucun air charmant.

---

(1) Le Ménale est une haute montagne du Péloponèse, dans l'Arcadie; ses côteaux retentissaient souvent du chant des pasteurs et du son des flûtes dont ils les accompagnaient; et, à ce sujet, il faut se rappeler que Syrinx qui, en grec, signifie une flûte, était primitivement une nymphe que Pan aimait. Cet amant ne pouvant attendrir sa belle, la poursuivait un jour; mais, lorsqu'il croyait la tenir, il ne trouva qu'un roseau dans ses mains. Le dieu conserva l'objet de sa flamme sous cette nouvelle forme; et voulant le faire répondre à ses accents, il le façonna tellement qu'il eut une flûte à sept tuyaux, dont les bergers se servirent ensuite à son exemple. L'usage de la flûte passa des bergers aux citadins, et bientôt, l'ayant disposée comme la traversière d'aujourd'hui, ils firent sur la manière d'en jouer, un art qui contribua à leurs jouissances. Les hommes et les femmes s'y adonnèrent avec une égale ardeur, et porté alors au plus haut point de perfection, il devint une profession fort lucrative à un grand nombre. Bientôt on en fit un moyen de communiquer ses passions en mariant les accords de plusieurs, qui changeaient alternativement de ton; et l'on appela Synaulie, cet art que de plus grands progrès dans la musique ont fait tomber depuis.

(2) Fils de Jupiter et d'Antiope, qui jouait si admirablement de la lyre, qu'on dit qu'il rebâtit les murs de Thèbes en attirant les pierres, qui, toutes taillées, venaient se ranger convenablement, au son de son instrument.

(3) Excellent joueur de cithare, poète lyrique et chanteur. Il naquit à Méthyme, ville de Lesbos. En passant la mer à son retour d'Italie, il joua de son instrument au moment où il crut que les matelots voulaient lui prendre son argent; et se jetant en mer, il fut reçu sur le dos d'un dauphin. Voyez une charmante description de cet évènement dans le IIe. livre des Fastes d'Ovide. Le dauphin dont il s'agit ici, au dire du poète, fut changé en constellation.

(4) Fils d'Apollon et de Calliope. On dit, qu'ayant reçu une lyre de son père, et étant descendu aux enfers pour y chercher sa femme, il eut recours à cet instrument pour fléchir Pluton. Pausanias regarde cette opinion comme le produit d'une fiction, à travers laquelle il croit entrevoir qu'Orphée fut un grand poète, bien supérieur à ceux qui l'avaient dévancé; qu'il se rendit respectable, en enseignant aux hommes

les cérémonies religieuses ; en leur persuadant qu'il avait trouvé le secret d'expier les crimes, de purifier ceux qui les avaient commis, de guérir les maladies et d'appaiser la colère des dieux. Malgré d'aussi brillantes prérogatives, notre malheureux poète, dont les accents avaient enchanté le dieu des enfers, fut mis en pièces par les femmes de Ciconie. Soyez utiles aux hommes, mais n'attendez que l'ingratitude pour récompense.

(5) Tel est le but de tout homme qui cherche à se faire un nom par le produit de ses veilles. Stobée, dans son livre sur la Folie, nous donne un fragment de Sapho à une jeune Lesbienne peu sensible aux charmes des Muses, lequel a trait à ce passage : « Quand vous ne serez plus, lui dit-elle, votre corps étendu sur la terre, sans intérêt comme sans gloire, sera dédaigné de ceux qui vous survivront. Il ne restera rien qui puisse vous rappeler à leur mémoire. On ne couvrira pas votre tombeau des roses de Piérie ; vous descendrez, sans honneur, dans la noire demeure de l'Orcus ; et confondue une fois avec les ombres légères, vous serez perdue dans l'obscurité des temps ».

LA RÉSIPISCENCE.

HÉLAS ! qu'ai-je fait ! ni plus ni moins que si j'eusse dirigé sur un parterre fleuri les malignes influences du vent du Midi, ou que j'eusse poussé un troupeau de bœufs sur les ateliers de l'industrieuse abeille. O Pancharis ! il faudra donc m'avouer coupable, pour ne t'avoir fait connaître qu'une partie de ces charmes qui me privent de toute ma raison ; oui, coupable pour t'avoir, à la dérobée, saisi un chaste baiser, qui n'a pas même laissé la moindre trace après lui ! Mais c'est toi qui te dois regarder criminelle, toi, dont la beauté blesse sans que tu t'en apperçoives, et non moi qui suis forcé de subir ton joug. Quoi je te verrais, je te parlerais à chaque instant, et je serais préservé de tes atteintes ! Je resterais à ta vue aussi insensible que le marbre de Paros ? O crime inoui ! Cesse donc tes plaintes sur ce point, et blâme plutôt la déesse de Cythère que moi qu'elle a choisi pour adoucir ta rigueur. En te ceignant de sa riche ceinture (1), elle te donna toutes les graces qui ont contribué à ma perte. Tiens, cruelle, tourne tes yeux vers l'onde claire de ce ruisseau qui s'élargit tranquillement près de nous, vois-y tous tes charmes, et, persuadée de leur pouvoir, frappe, si tu l'oses, le coupable. Ils te soumètent tous les cœurs, actuellement que ton âge est celui des plaisirs. Je ne puis découvrir les moindres de ceux que m'offre ton visage, sans en éprouver tout le pouvoir. Qu'un carquois charge tes blanches épaules, aussitôt tu me paraîtras être la chaste déesse des forêts. Si tu relèves un pan de ta robe jusqu'aux genoux et que tu laisses voir en partie les lys de ton sein, tu seras pour moi la belle Cythérée. Maintenant qu'elles te sont connues ces impressions que tu fais sur mon cœur, sonde les replis de ton ame, et, te conformant à ce que te dictera ta conscience, laisse au destin quelque chose à faire. Instruite désormais par l'expérience, ne m'accable plus par une rigueur hors de saison, et, ménageant ton pouvoir, ménage également les reproches que tu voudrais me faire. Non, comme une Spartiate ne t'a point donné le jour pour être aussi dure à tes amants que le fut Pénélope, tu te laisseras toucher par le changement de mes traits. Ah! s'il n'est personne qui ne fût en butte aux flèches de l'Amour, pourquoi serais-je criminel, parce qu'elles m'ont atteint? Ainsi, oubliant mes fautes, j'espère que tu deviendras plus traitable, et que, prenant pitié de mon sort, tu n'ajouteras point la punition à sa cruauté. Tu m'observes que la récompense suit toujours la persévérance. Ah! celle-ci n'aura rien qui me répugne, si je puis compter sur la moindre de tes faveurs. C'est en combattant, reprends-tu, que le soldat mérite le prix qu'on lui adjuge au retour de la guerre.

Eh bien, ma souveraine, je deviendrai guerrier, mais pour voler à la victoire sous tes étendards. Céleste Espérance, toi qui adoucis la férocité des tempêtes aux nautonniers qui fendent les ondes de la noire Adriatique, quand elle est soulevée par le vent du Midi, viens prómptement à mon aide, ô consolation du malheureux, et verse sur mon cœur le baume qui convient le plus à mes maux; c'est de ton nectar que mes peines attendent leur soulagement.

---

(1) Le premier auteur qui ait parlé de cette ceinture, est Homère, dans le quatorzième livre de l'Iliade. Junon, après s'être parée, dans le dessein de réconcilier l'Océan et Thétis, sent qu'elle a encore besoin des grâces de Vénus, pour mieux réussir dans son projet : « Accordez-moi, lui dit l'artificieuse déesse, ce charme souverain qui soumet tous les dieux et tous les mortels à votre empire ». Aussitôt, la souveraine de Cythère détache sa ceinture riche par

sa broderie. Là se trouvent réunis les charmes les plus séduisants ; là, sont l'amour, le desir, les doux entretiens ; ces accents persuasifs qui dérobent en secret les cœurs les plus sages. Le poète Méonien, dans cette courte description, développe tellement la richesse de son génie divin, que ses successeurs, malgré l'amélioration survenue dans le goût, sont encore obligés de le prendre pour modèle, quand ils veulent traiter le même sujet. C'est une source pure où les amateurs du beau prènent plaisir à se désaltérer. Les poètes latins, depuis, ont imaginé que c'était avec cette ceinture que Vénus frappait légèrement ceux ou celles dont elle voulait favoriser les amours.

LA PRIÈRE.

Auteur de tout ce qui respire (1), digne sauveur de ceux qui tombent sous le pouvoir de tes armes; toi, de qui les mortels reçoivent leur vrai bonheur, ô divin Amour, qui souffles sur l'adolescence le plus doux des poisons avec lequel tu diriges à ton gré ceux qui le savourent, et tu mets hors d'eux-mêmes ceux qui en éprouvent pour la première fois les douces influences; toi qui, même chez les vieillards, entretiens un feu dont l'ardeur se répand par tous leurs membres, et qui souvent consumant les dieux, les force à descendre sur terre pour satisfaire leurs desirs; dis-moi quel crime ai-je commis pour que sans cesse tu diriges tes traits cruels sur mon cœur? Je n'ai point, dans ma colère, porté un feu destructeur dans aucun de tes temples. Jamais, par esprit de haine, je n'ai troublé tes eaux sacrées dans les vallons d'Idalie, ni arraché de ton péristyle les guirlandes qu'on y suspend. Je n'ai point non plus brûlé un encens impur sur tes autels; au contraire, pénétré de toutes tes faveurs, j'ai souvent chanté les douceurs de tes lois, quoique la blessure que tu m'as récemment faite me fût encore cause d'une bien grande souffrance. J'ai loué dans mes vers ta mère, lorsque, fendant les nues sur son char d'ivoire, elle était mollement tirée par ses cignes éblouissants. Que me sert-il actuellement d'avoir dans mes chants célébré Paphos et Amathonte, si une flamme dévorante me consume sans me laisser un moment de repos? Non, les sources de Chio (2) ne sont d'aucune efficacité à mes maux. Aucun aliment ne peut me rendre les forces qui me manquent; les vers mêmes ne sauraient calmer mes angoisses. O bel Enfant, prends pitié de ma triste situation, et, puissant comme tu l'es, guéris toi-même ma blessure. Te réjouissant ainsi de mes peines, ta gloire en deviendra-t-elle plus grande quand, réduit au dernier degré de faiblesse, je succomberai sous leur poids? Si je meurs actuellement, qui chantera tes louanges? qui portera un encens pur sur tes autels? Qu'il plaise donc à ta justice de diriger aussi tes coups sur le cœur de ma belle, et que cette ignorante, par une profonde blessure, connaisse l'étendue de ton pouvoir. Lorsque les Songes, aux aîles légères, voltigeront autour de sa couche, qu'enivrée de plaisir, elle cherchera à répondre à leurs douces suggestions, qu'elle ait honte du temps perdu, et qu'elle sollicite les chaînes qu'elle aura refusées; enfin, Enfant équitable, fais qu'elle aime autant qu'elle est aimée, qu'elle brûle, et que dans son ardeur elle soupire après celui qu'elle enflamme; en un mot qu'elle me permette de savourer le plaisir à la coupe qu'elle voudra me tendre. Reçois dès à présent cette guirlande encore toute humide des larmes de l'Aurore; je te l'offre pour être suspendue aux voûtes de ton temple, comme un témoignage de ma reconnaissance pour la faveur que je te demande.

---

(1) C'est à l'Amour, dit Pline le naturaliste, que l'immensité de l'univers doit sa fécondité; avec lui, tout ce qui respire, qui végète, s'accroît, s'agrandit, s'anime sous nos yeux. Qu'on sépare les pierres précieuses qu'il a jointes, elles perdent la vertu de se perfectionner dans le silence. C'est à l'Amour qu'on doit les peuples répandus à la surface de la terre. Il a formé d'abord quelques hommes; ces hommes, des familles; ces familles, des hameaux, des villes; et ainsi s'élevèrent les républiques, les royaumes et les empires florissants. Ainsi, depuis tant de siècles, se multiplie le genre humain, sous le brandon de l'Amour. Ainsi s'est établi ce bel ordre de l'univers qui perpétue la nature sous l'aspect le plus brillant. Une loi générale a imprimé le sentiment qui appèle tous les êtres

à une reproduction nécessaire. Privez la terre de cette douceur, et vous la verrez en robe de deuil, orpheline et sans enfants. Jean Lernutius s'est ingénieusement exprimé sur le pouvoir de l'Amour, lorsqu'il dit : « Jupiter, indigné contre ce Dieu, fronça ses noirs sourcils, appela les nuages, saisit la foudre aux trois dards ; » mais alors l'enfant de Cythère lui dit en riant ; « Roi des dieux, votre colère est trop faible, renforcez-la comme dans la guerre des Titans, faites trembler les deux pôles ; armez-vous de tous vos traits, et en un instant je vous dépouille ; et vous ne serez plus qu'un cigne tremblant, aux genoux de Léda. »

(2) L'isle de Chio, aujourd'hui Scio, est une grande isle de la mer Égée, sur la côte de l'Asie mineure, entre celles de Lesbos et de Samos. Elle avait autrefois des eaux minérales propres aux maladies de langueur.

L'AGITATION.

QUELS sont ces mouvements intérieurs qui m'agitent et me menacent des plus grands périls? Dans quelles illusions mon ame est-elle entraînée? Quelle est cette tempête qui, tour-à-tour me poussant et me rappelant où j'étais, ne m'en porte pas moins au milieu des plus grands écueils? Non jamais la mer, sur les rives de la Lybie, n'éprouva de pareilles convulsions, ni les nuages que poussent les vents du Midi n'eurent des alternatives plus variées que celles auxquelles je suis en butte lorsque j'éprouve toutes les rigueurs de mon sort. Ne pourrais-je donc trouver aucun soulagement dans cette fermeté stoïque dont naguères je m'enorgueillissais tant? Ah! quelque maître de moi-même que je sois encore, cependant sur le point comme je le suis de succomber sous le poids de mes maux, je redoute d'être mis à de trop rudes épreuves. Hélas! le navigateur que la tempête tourmente au milieu du noir Océan, proteste bien de ne plus être le jouet d'un aussi perfide élément; et cependant lorsqu'il est en sûreté au rivage, il revient à son vaisseau, tout occupé du gain que doit lui procurer un nouveau voyage. Ainsi je jurais de ne plus m'exposer aux coups cruels de l'Amour, et voilà que, privé de ma raison, je me trouve entraîné sur l'arêne. O trouble de mon ame! passion dont la violence est si pénible à supporter! ton joug me sera-t-il toujours si pesant? Quoi! j'aurai avoué ma défaite, et, actuellement dans les fers, il ne me resterait pas même l'espoir de la consolation que je demande! Eh bien, soyons esclaves; parons-nous à ses pieds de toutes les marques de la servitude, si mon ame et les membres qu'elle vivifie doivent en recevoir une force nouvelle. Une chaîne qu'on choisit a son agrément, et ceux qui aiment un pareil joug n'en éprouvent aucune peine, quand ils savent se choisir une souveraine dont la bonté relève les charmes. Mais quelle sera l'époque où mes voeux seront remplis? c'est ce que j'ignore et ce qui aggrave ma situation présente. Ainsi je suis balloté par la crainte et l'espérance, devant bientôt être victime de ma triste destinée. Je méprise ce qui faisait l'objet de mes desirs; je cours après ce que j'avais laissé dans l'oubli, et, continuellement agité, je ne trouve aucun plan d'après lequel je puisse régler ma conduite. O! combien plus heureux est celui qui sait vaincre les affections de son ame, leur imposer quand il veut le silence, les exciter et leur donner un frein tour à-tour, en supportant avec courage les caprices de la fortune! Habitant de la campagne, ainsi éloigné du tracas de la ville, dans l'état paisible où tu vis, combien ton heureux sort l'emporte sur le mien! Lorsque le Soleil, sur le déclin du jour, excite ses chevaux, et que son char, en devançant celui de la Nuit, s'approche des rives alors plus brillantes de l'Hespérie, ta tâche journalière remplie, tu reviens content chez toi, en chassant ton ennui par tes chants. Bientôt tu rétablis tes forces par des mets que tu n'as point achetés, et, te livrant ensuite à un sommeil amené par ton travail, tu n'es point réveillé par des fantômes qui te tourmentent comme s'ils avaient à exercer quelques vengeances sur un coupable (1). Tu dors paisiblement, tes bras enlacés aux côtés de ton épouse, au milieu des chastes baisers qu'elle te donne. Les dieux, ayant égard à la supériorité de mon génie, m'ont accordé un sort bien différent; mais que je suis loin de m'enorgueillir de leur affection, lorsque, revenant sur moi, je n'ai qu'à gémir sur des faveurs si peu propres à soulager mes peines! Mais pourquoi penser à ce qui a été et ce qui est encore la cause de mes maux? Malheureux! quels troubles l'amour nourrit en mon cœur, lorsque ma conscience s'oppose aux moyens qui peuvent seuls éteindre les feux dont je brûle! Je m'occupe actuellement du parti que dicte l'honneur; eh bien, qu'elle tourne vers moi ses yeux languissants, et dès lors toute ma résolution est nulle. Qu'elle me sourie, et aussitôt une flamme nouvelle parcourt tout mon être, tant ses charmes auront sur moi leur empire! Soit qu'elle m'accueille amicalement dans l'effusion de sa joie, ou qu'elle me gronde dans son mécontentement, me retenant toujours sous son pouvoir, elle n'en mérite que plus mon hommage. Ainsi le laurier et le myrte obtiènent toujours leurs louanges dans la saison des chaleurs comme dans celle des frimas. L'oubli ne peut me voiler l'objet qui nourrit mes espérances, encore moins me soustraire aux liens que je chéris. Ah! puisque tout me la rappèle et que, quelques efforts que je fasse, cette beauté s'offre toujours à mes yeux avec toutes les graces de son ingénuité, je ne m'éloignerai point de l'aimable objet qui me donne tout le sentiment de mon existence. J'aurai recours aux plus puissants moyens de persuasion, mettant tout mon espoir dans les dernières paroles que naguères Vénus m'adressa. Quoiqu'elles soient le produit d'une nuit peut-être mensongère, je ne te les tiendrai point cachées, Ménippe; mais garde-toi bien de les révéler à tout autre (2). Pendant qu'en songe je parcourais les agréables bosquets d'Idalie, tout occupé de mes peines, le hasard m'amena une diversion bien agréable. J'apperçus près les eaux claires d'un murmurant ruisseau, la belle Cythérée, couchée sur un gazon émaillé de fleurs. Près d'elle était son fils, à qui elle tenait un langage de reproche; mais l'Amour, peu docile à ses paroles, semblait en folâtrer davantage. Dès que je les eus découverts, je me glissai plus avant, et, me tenant caché derrière un myrte voisin, j'écoutai tout ce qu'elle lui disait. La déesse entremêlait à ses reproches les plus suaves baisers, et entr'autres paroles de douceur qu'elle lui adressait, celles-ci lui revenaient souvent : « Tendre objet de toutes mes affections, nous nous sommes assez opposés aux feux purs de Zoroas ; prends actuellement ton arc et dirige un trait vainqueur sur sa belle (3) ; qu'enfin connaissant les lois reçues à Paphos, elle attache à nos autels de pieuses guirlandes, en preuves de son dévouement à notre culte. En vain la jeunesse ingénue célèbre nos louanges dans les temples que nous a élevés la piété des hommes ; nous sommes méprisés tant que cette rebelle se soustraira à notre empire ». Elle allait continuer, lorsqu'aussitôt le sommeil abandonna mes paupières. Me rappelant alors un aussi agréable songe, l'espérance, si favorable dans les évènements les plus incertains, me revint avec d'aussi sûrs présages. Ah! mon ami, ne me prive point de la seule consolation qui me reste, si tu venais à la regarder comme le produit d'une illusion de la nuit.

(1) « Jamais, dit Théocrite, dans son Idylle des pêcheurs, les soucis cruels ne troublent le sommeil de l'homme laborieux ; on n'est jamais réveillé que par les vains troubles des passions et de l'oisiveté ».

(2) De tout temps, les hommes faibles, et même plusieurs de ceux qui sont fort instruits, se sont laissé conduire dans les affaires les plus sérieuses de la vie, d'après l'apparition des choses qui s'étaient offertes à eux pendant leur sommeil. Si une telle conduite les a souvent fait tomber dans de déplorables écarts, elle leur a aussi quelquefois été cause d'évènements fort heureux. Les poètes et les historiens ont eu souvent recours à ce moyen ingénieux de fiction, pour donner aux hommes des conseils dont ils craignaient leur faire part de vive voix, ou pour dire sur eux-mêmes quelque chose d'avantageux, que la modestie les aurait portés à leur cacher ; et telle fut la manière dont s'y prit Lucien, lorsque cet auteur, dans un songe, rapporte de la manière la plus intéressante, comment il entra dans la carrière de la littérature.

(3) Alexis, au rapport d'Athénée, dit que

l'Amour avait deux arcs, savoir celui des grâces, qu'il tendait pour faire le bonheur de la vie, et celui de la violence, pour y répandre le trouble. A cet égard, le poète, dans son Traumatias, comparant les amants à des soldats, dit qu'ils doivent toujours être prêts pour quelque expédition, et capables de soutenir la fatigue; qu'ils soient sur-tout habiles à imaginer des stratagêmes, pour parvenir à leurs fins. Ovide, dans une de ses élégies amoureuses, qui commence par *Militat omnis amans et habet sua castra Cupido*, a mis en évidence et en règles tous les moyens de cet auteur qui, comme d'autres, ne nous est connu que par le récit qu'en ont fait ceux qui ont surnagé à la barbarie des temps d'ignorance.

L'ORAGE.

Appaise-toi, Pancharis; ah! je te prie, appaise-toi. Je ne viens point pour te renouveler les expressions d'une tendresse dont tu connais la sincérité. Elles te déplaisent, je les tairai. Mais regarde ces nuages obscurs qui couvrent le ciel; un orage furieux nous menace; c'est pour te porter secours que j'arrive. Aye quelque confiance en mes paroles, si dans tes incertitudes, tu as encore quelque sujet de crainte. Vois comme les nuages s'amoncèlent, l'horizon se noircit, et la mer, dont les flots bouillonnent, se soulève avec fureur. Les vents du Midi augmentent leur audace. Entends-tu ce bruit éclatant qui retentit sur ces hautes montagnes? Vois les tourbillons qui, se succédant, emportent au loin les feuilles qu'ils arrachent des arbres et la poussière qu'ils y entremêlent. Un sourd gémissement se fait entendre dans la forêt. Hélas ! déjà les timides plongeons reviènent du large vers le rivage, tandis que le héron s'élève à tire d'aîle dans les airs. L'hirondelle, en rasant çà et là la grève pleine d'écume, annonce par son cri plaintif le danger qui l'attend. Vois-tu comme déjà la pluie frappe la terre avec violence, et avec quelle furie l'onde profonde soulève la vague qui lui offre quelque résistance. Ah ! je le prévois ; le mal nous menace. Déjà, comme je l'avais prédit, l'éclair sillonne les plaines obscures du ciel. Le tonnerre fait entendre ses mugissements, ce que je t'avais encore annoncé. Où cours-tu aussi précipitamment ? Vers quel lieu crois-tu devoir diriger tes pas ? Insensée, suis-moi et n'aye aucune crainte. Viens où la foudre du ciel ne saura nous atteindre. Viens, entrons dans cette grotte qui s'offre à nous comme un asyle ; tu pourras y rester sans craindre la tourmente. Quoi ! tu trembles ? ne suis-je point près de toi? Ton cœur palpite? Ah! fille trop timide, éloigne toute inquiétude; ton ami est près de toi, il te proteste de ne t'adresser aucune parole de tendresse. Qu'il éclaire, qu'il tonne, je resterai à tes côtés, Pancharis, et je te promets de m'éloigner lorsque le calme sera revenu. Oui, je partirai sans toi. Viens donc; la grotte est inaccessible à la colère du ciel, entourée comme elle l'est, de lauriers sacrés (1). O la meilleure partie de mon être, repose-toi sur ce lit de mousse et ramène le calme dans ton ame, actuellement que je resterai avec toi. Mais pourquoi m'étreindre ainsi, comme si tu craignais que je veuille te quitter? Pourquoi ces vives prières que tu me réitères avec tant d'inquiétude? Ah! le ciel s'écroulerait, que je ne m'éloignerais pas de toi. Combien de fois tout récemment encore, n'ai-je point desiré de pareils liens! Mais pourquoi les dois-je à la crainte et non à l'amour? O puisse-t-il n'y avoir aucun terme à un pareil bonheur ! Ainsi, puisque la félicité suprême m'arrive au milieu du désastre général, l'orage peut continuer, je n'aurai plus aucun motif de craindre la foudre. Oui, ce jour sera le plus fortuné de ma vie. Je voudrais toujours vivre ainsi, et ainsi terminer mes jours.

---

(1) Les anciens, qui regardaient le laurier comme étant consacré à Apollon, croyaient que la foudre ne pouvait jamais l'atteindre, Jupiter en la lançant, ayant attention à ne point la diriger sur lui. De là, la raison pourquoi ils en entouraient les temples consacrés à leurs dieux. Les Indiens ont la même croyance à l'égard du figuier, ou arbre des Brames, *ficus relligiosa*, dont ils décorent les environs de leurs pagodes, Les devins disaient que les feuilles de laurier mises sous le chevet du lit, annonçaient des songes qui n'étaient pas sans réalité. Ils allaient même jusqu'à tirer des indices pour l'avenir, du bruit que ses feuilles faisaient en brûlant.

L'INSTANCE.

O! POURQUOI survivre à mon malheur, Pancharis, si tourmenté comme je le suis par le destin inique, je perds tout espoir de voir mes peines être soulagées? J'ignorais le pouvoir de la déesse de Cythère; tu es la première qui me l'ayes fait connaître. Je t'ai vue, et l'Amour m'a réduit à l'esclavage, tant tes charmes m'ont été funestes! Eh! serait-ce un crime à un être sensible qui attend de toi le bonheur, de leur rendre les armes? Sitôt que tu t'offris à moi avec tout leur luxe, la richesse de ta taille, la beauté de tes traits que décorent les roses qui s'y entremêlent, tout sembla se réunir pour contribuer à ma perte : et combien plus actuellement que t'avouant mon amour je te vois incertaine, si tu l'approuveras ou non! O toi dont les yeux m'ont si souvent porté de cruelles atteintes; toi, dont la voix moël-leuse émeut les cœurs les plus froids, et qui même par ton indifférence sais encore t'attirer ceux qui se croient invincibles; quoi, ne daigneras-tu pas me répondre? Les forêts ne sont point insensibles aux moindres accents de la malheureuse Écho (1). Le jeune taureau, par ses mugissements langoureux, sait émouvoir le cœur de la génisse, et lorsque les vallons retentissent du bruit de la tempête qui approche, les habitants des airs, en répétant leurs plaintifs accents, semblent compâtir au malheur dont sont menacés les autres êtres. Ainsi la nature vivante a par-tout son langage, et toi, que rien ne peut toucher, tu garderas avec moi le plus profond silence! Pourquoi, en préludant tes airs, me regardes-tu souvent d'une manière à me donner de l'audace? Pourquoi tout en toi me porte-t-il à tenter ce que tu crois un crime? Peut-il y avoir un crime dans ce qui nous promet un bonheur réciproque, dans ce que commande le dieu de la tendresse ? Ah ! lorsque l'univers reconnaît la puissance de ce premier vainqueur, serais-tu la seule qui se refuserait au joug dont tu dois attendre le bonheur ? En te parlant ainsi, peut-être ai-je été trop avant ; mais que ton regard me donne une nouvelle assurance sur ce que je pourrai encore ajouter, et fais que les preuves de ma sincérité qui te sont déjà connues ayent leur effet. Ne résiste donc point à ces doux sentiments qui se glissent en ton cœur, et, donnant l'essor à ceux que tu tiendrais cachés, fais-les-moi connaître. Cependant, ah ! que les dieux en écartent l'augure, si tu voulais rompre avec moi toutes liaisons, évite, je te prie, de recourir à tant d'arts enchanteurs pour ajouter un nouvel éclat à tes traits. Que ta blonde chevelure ne soit plus entremêlée de fleurs, et qu'elle ne m'exhale plus les suaves odeurs de la rose de Pestum (2) ; qu'elle ne flotte plus au hasard sur tes épaules d'albâtre, et que ses ondes annelées soient pour moi sans aucun charme. Que l'escarboucle ne brille plus à tes oreilles ni l'émeraude sur ta tête. Ne souffre plus à tes bras ces perles qui peuvent avoir leur valeur pour relever les desirs languissants d'un froid mari. Que les lys et les roses disparaissent de dessus ton visage. Détourne de moi ces beaux yeux qui me maîtrisent (3); cache-moi tous ces charmes où l'Amour a trempé les flèches qu'il a dirigées sur moi; cesse de mettre si souvent ton esprit en évidence. Qu'elle garde le silence cette voix qui devait m'être si funeste, et qui néanmoins te concilie par son harmonie tous ceux qui l'entendent. Loin de toi cette pudeur qui est un nouvel aiguillon à mon amour. Deviens enfin pour moi ma seconde Erynnis (4), avec toutes ses fureurs. Trompe mes yeux, cesse tout chuchotement avec d'autres que moi; ne mêle plus tes chants aux doux frémissements de ta lyre. Ah malheureux! que la cruauté du sort accable au milieu de la crainte et de l'espérance, quel serait mon bonheur si je pouvais rompre les liens que jusqu'ici je n'ai que trop portés, liens auxquels ont donné une force nouvelle ces cheveux qui se jouent sur tes épaules, et ces mains délicates qu'on croirait celles de Vénus! Quoi, tu souries? et, ingénieuse à me trouver de nouvelles causes de maux, tu ne cherches qu'à en augmenter la rigueur sans songer à les adoucir. Non, je ne viens point à toi comme un volage, mais bien comme un amant que guide le sentiment de la plus pure constance. Eh, quoi! l'amour, le dévouement et la sincérité, dont je t'ai tant de fois donné la preuve, ne me seraient d'aucune valeur à tes yeux? Oui, je t'aime! Et, pourquoi, dans l'ivresse où je suis, te tairais-je la cause mal cachée d'un feu que tant de fois j'ai cherché à éteindre? Oui, tu allumes en moi une passion qui fait les plus grands progrès; apporte-lui donc le plus prompt soulagement. Ma demande est juste, que ton refus ne cause point ma mort. Ah! garde-toi de laisser aller ma prière au gré des enfants d'Eole. Voeux inutiles! peut-être un autre, plus heureux, possède déjà ton cœur, et se rit des preuves de dévouement que je te demande. Le langage que je te tiens, est celui de la pure vérité. Aye donc confiance dans mes paroles, si tu veux éviter l'erreur. C'est par une inspiration divine, qu'aujourd'hui je te fais mon aveu. Je sais tout le prix de la possession à laquelle j'aspire; mais, Vénus, qui m'accorde son suffage, me garantit du plus favorable succès. Cruel Amour, je me meurs, si tu ne souffles sur elle un feu qui, égalant le mien, la force enfin de répondre à mes desirs.

---

(1) Les poètes disent qu'Écho fut fille de l'air et de la terre. Elle fut chérie de Junon, mais elle n'en servit pas moins Jupiter dans ses amours, en amusant la déesse par d'agréables narrations, pendant que l'époux prenait ses ébats avec ses

maîtreses. Junon, qui n'en était point la dupe, s'apperçut un jour de la ruse, et l'en punit en la condamnant à ne parler que quand on l'interrogerait, et à ne répondre que le plus brièvement possible. Eprise des charmes de Narcisse, elle le suivait par-tout sans se laisser voir; mais s'étant un jour manifestée à lui sans pouvoir en rien obtenir, elle s'enfonça dans un bois, fit sa demeure des cavernes, et maigrit tellement de chagrin, qu'il ne lui resta plus que les os et la voix.

(2) Ville de Lucanie, province qui, aujourd'hui, fait partie du royaume de Naples. De nombreux rosiers rendent ses environs fort riants. On dit, qu'à raison de la douceur du climat, ils y fleurissent deux fois l'année, en mai et en septembre. C'est ce qu'indique Virgile, en disant d'eux :

. . . . . . *Biferique rosaria Pœsti.*

(3) Tous les poètes érotiques ont parlé des yeux, en traitant des moyens propres à manifester l'amour. Sophocle, en faisant parler Hippodamée sur la beauté de Pélops, dit: « Il a dans les regards un charme qui, aussi rapide que

l'éclair, pénètre jusqu'au cœur et y vient chercher l'amour ». Pindare, en parlant de la beauté de Théoxène, continue : « Celui qui considère les traits étincelants de ses yeux, sans être agité des plus brûlants desirs, doit avoir une ame noire forgée avec le fer et le diamant ». Ibicus, au rapport d'Athénée, dit, en parlant à Euryale : « Jeune rejeton des Grâces aux yeux brillants, celle qui fait tout le souci de nos Nymphes aux beaux cheveux, oui, c'est Vénus, c'est la Persuasion dont le regard inspire la tendresse, qui ont soigné ton enfance sur un lit de roses ».

(4) Une des Furies qui vengent les crimes que l'on commet, et dont le pouvoir se fait sentir pendant la vie comme après la mort. Les Théologiens la désignent sous le nom de Conscience. Sophocle en a fait une fille de Jupiter.

L'EXHORTATION.

CHARMANT oiseau, recommandable par la beauté de ton plumage et les couleurs de l'arc-en-ciel qui brillent sur ton cou ; toi, dont le joli babil relève encore la parure, ô honneur des contrées de l'Orient, compagnon de mon sort, si mémorable par tes gentillesses et tes chants, comme tu flattes agréablement mon oreille, en répétant de temps à autre les doux accents que je t'ai appris pour me concilier ma maîtresse ! Non, Philomèle ne saurait pas mieux varier ses chants, quand elle revient sur ses malheurs ; et en vain aussi le chardonneret des forêts voudrait tenter de l'emporter sur toi. Habitué à répéter mon nom, deviens le gage le plus sûr de la sincérité de mon amour. En rappelant ainsi ce nom à ma belle, fais ensorte, qu'avec lui se développent tous les feux qu'elle voudrait me tenir cachés. Mais, entr'autres paroles de douceur, souviens-toi de celles-ci, que tu confieras à ton gosier mélodieux :

« Tant que l'abeille voltigera sur le thym et qu'elle se nourrira de la pâquerète, Zoroas sera le fidèle amant de sa belle (1) ».

Fais encore plus, favorise mes desirs, afin que rien ne manque à la louange que mériteront tes bienfaits. Ainsi, continuant à m'être propice, renouvèle tes jeux et tes chants, pour que les paroles que je t'ai apprises, me servent auprès de ma maîtresse. Adoucis sa rigueur tour-à-tour par tes chants et ton badinage, et plus souvent encore par ton agréable roucoulement. Oublie ces mots peu honnêtes que Polémon t'a appris, à moins que tu ne veuilles t'attirer des reproches. Que si, enfin, sensible à tes talents, cette belle porte quelques baisers sur ton cou, si sa main se promène en allant et revenant sur ton plumage; qu'ajoutant de douces paroles à cette faveur, elle te cache ensuite dans son sein, que ta voix renaissant par une aussi douce chaleur, réitère les accents que je viens de t'apprendre :

« Tant que l'abeille voltigera sur le thym et qu'elle se nourrira de la pâquerète, Zoroas sera le fidèle amant de sa belle ».

---

(1) De tout temps, les poètes non seulement eurent le privilège de faire parler les animaux, mais encore celui de leur donner leur propre sentiment. Sans parler du fabuliste grec, Homère ne fait-il pas tenir à Xantus, cheval d'Achille, le langage élevé qu'aurait tenu son maître? Et quelles belles choses ne dit pas dans Théocrite, ce bon sanglier qui avait blessé imprudemment le bel Adonis ! Et ce rusé coq, pour prendre quelques exemples chez les prosateurs, qui, sous la plume de Lucien, raisonne comme autre-

fois un ergoteur de la Sorbonne ! Nous renvoyons ceux qui nous demanderaient de pareils exemples chez les Romains, à l'infortuné cochon qui, sous le nom de Marcus Grunnius, alla jusqu'à demander à faire son testament, ce qu'il obtint du cuisinier Magirus, au moment où celui-ci accompagné d'un marmiton, venait pour mettre fin à sa vie. Au reste, cet usage des poètes d'Europe, se remarque également parmi ceux d'Asie, ainsi qu'il est attesté par les fables de Pilpai. Quant à ce que dit l'auteur, sur le langage de sa petite perruche, ceux qui ont conversé avec ces oiseaux, qui ont apprécié les différents tons de voix relatifs à l'affection qu'ils éprouvent, ne seront pas éloignés de leur accorder, sinon la raison, du moins un instinct raisonné. Les anciens nous ont laissé les noms de quelques personnages qu'on dit avoir été versés dans le langage des oiseaux; ainsi, Tirésias obtint ce don de la nymphe Chariclo, sa mére. On dit encore que Thalès, Mélampus et Apollonius de Tyane comprenaient également tout ce que les oiseaux récitaient dans leurs différents concerts. Il est des juifs qui ont soutenu que Salomon y entendait également beaucoup de choses.

LA VENGEANCE.

La brillante Aurore ayant déjà soigné la chevelure de son époux, abandonne son palais (1) pour apporter la lumière aux mortels, et tirée sur son char safrané, elle sème joyeusement à pleines mains, sur les régions du ciel qu'elle parcourt, les roses qui tracent la route aux chevaux du Soleil. Pendant que, la félicitant sur son retour, les oiseaux mêlent leurs chants au murmure des eaux qui tombent en cascade dans l'enfoncement des montagnes, et que les vallées et les collines retentissent du mugissement des taureaux qui appèlent le laboureur à ses travaux rustiques, je m'éveille au milieu de la mélodie générale; je t'implore, dieu tout-puissant, et toi, Phœbus, auteur de cette lumière qui nous est si nécessaire; et après avoir élevé vers vous mes bras habitués à vous rendre hommage (2), je m'enfonce dans la forêt, dont les sombres retraites sont si propres à nourrir ma tristesse. Mais pendant que le gazon encore tout humide des larmes de l'Aurore, conserve les traces des pieds qui le foulent, j'erre çà et là hors de moi-même. Cependant, Zéphyr (3) s'avance, amenant par-tout où il souffle, les douces émanations des citronniers et des myrtes fleuris. A peine est-il arrivé, que la forêt s'enorgueillit d'un nouvel éclat, et que chaque fleur revenant à la vie, exhale ses plus suaves parfums. Le chant des oiseaux, les douces influences du printemps renaissant et les airs qu'au milieu de tous ces charmes de la nature, le pasteur adoucit sur ses pipeaux, oui tout me ramène à mes desirs, tout me rappèle à mon amour. Que cette forêt me paraît brillante, mais qu'elle aurait encore bien plus de prix à mes yeux, si ma belle pouvait partager avec moi la délicieuse émotion que j'y éprouve! si, par sa présence, elle y venait ajouter de nouvelles grâces qui ne pourraient que plaire au Génie de ces lieux! O cruelle, paraîs, actuellement que j'unis pour toi la marguerite à la violette, et le souci au bluet. Ah, puissent me venir autant de tes baisers, que j'assemblerai de fleurs pour te rendre hommage! la peine que je prends se convertirait bientôt en plaisir. Mais, quelle est cette nymphe que je découvre au loin et qui, ingénue dans sa démarche, va et revient au-delà de ces coudriers? Les Jeux et les Ris l'accompagnent; et ne s'attendant à aucun danger, elle n'a rien prévu sur ses atteintes. Pendant qu'elle choisit les ornements de la prairie, qui doivent servir à sa parure, son voile jeté en arrière laisse une pleine liberté à sa chevelure d'errer au gré du vent. Déjà sa tête et son sein brillent des dons que Flore lui accorde, et les habitants de la forêt semblent s'enorgueillir de sa présence. Serait-ce Vénus ou quelque Naïade, qui, quittant furtivement les plaines humides, irait subir le joug de Pan ou de quelque Faune? O Amour, sous quels auspices me vient-elle? c'est Pancharis, je te le jure, c'est cette cruelle, qui refuse d'obéir à tes lois. Aussi insensée qu'elle peut l'être, elle se soustrait à tous les moyens que j'emploie pour me la rendre favorable. Nous sommes tous deux offensés, que l'inhumaine expie son crime; elle te méprise, puisqu'elle me fait résistance. Apporte à l'un et à l'autre, une prompte vengeance. Cherche dans ton carquois une flèche légère à pointe d'or, et dirige-la contre son cœur; qu'elle brûle, et qu'ainsi elle connaisse la nature de mes peines. Quand, éprouvant par elle-même les ravages du poison qui me consume, elle invoquera mon secours, elle gémira sur le retard qu'elle a mis à mon bonheur. Courage, Enfant débonnaire, courbe ton arc: pour peu que tu diffères, c'en est fait de l'empire de ta mère. Quoi, tu tardes! Ton carquois manquerait-il de ces flèches qui blessèrent la déesse des forêts? est-il dépourvu de celles qui firent soupirer Mercure pour Hersen, et qui vengèrent si bien le malheureux Actéon? Apollon brûla pour Leucothoé; le bel Adonis soumit Vénus; Europe, Jupiter (4). Toutes ces défaites sont le produit de tes armes, qui subjuguent les dieux et les hommes; et actuellement qu'une mortelle orgueilleuse voudrait s'y soustraire, ton arc resterait encore dans le repos? Tu perds tout ton pouvoir, si tu tardes davantage. Décoche-lui donc une flèche légère, et d'un seul coup sois notre vengeur à tous deux.

---

(1) Les poètes ont tous placé ce palais en Ethiopie, aujourd'hui l'Abyssinie. Au dire d'Homère, l'Océan, père de toutes les divinités marines, y tenait aussi sa cour avec Amphitrite. De temps à autre, Jupiter y descendait avec son brillant cortège, pour y célébrer les festins

faits en l'honneur de quelque divinité terrestre. C'est dans cette région qu'ils disent que Phaéton fut précipité avec le char de son père, dont il avait imprudemment pris la conduite. Depuis ce temps, ont-ils ajouté, les sources et les rivières furent desséchées, et le sang de ceux qui habitaient ces contrées, attiré à la surface de leurs corps, en fut presque brûlé; ce qu'indique encore la couleur charbonneuse de la peau qui est propre à leurs descendants. On dit également que l'Aurore, de tout temps, règna en ce pays, et que c'est de là qu'elle sort des bras de Tithon, pour atteler les chevaux au char du Soleil et le devancer dans sa course. Quoi qu'il en soit, c'est dans ce pays qu'elle paraît dans tout son luxe, au dire de tous les voyageurs qui ont su observer.

(2) Rien de plus naturel, pour un cœur reconnaissant, que ce témoignage oral dans lequel l'homme remercie le créateur de toutes choses pour les bienfaits dont il le comble journellement. Ce témoignage, chez les peuples policés, est devenu un acte de religion dont la forme varie suivant leur état de plus ou moins grande civilisation. On lui donne chez nous le nom de

prières. De celles-ci, il n'en est point à notre connaissance de plus sublime et de plus philosophique, que la suivante que nous devons à Boëce :

« Être infini, créateur du ciel et de la terre, dont la sagesse éternelle gouverne l'univers depuis le commencement des siècles ; toi, qui dans un repos immuable, donnes le mouvement à toute la nature ; c'est à ta seule bonté que nous devons ce grand ouvrage dont tu as pris le modèle dans ta propre essence. Source de toute beauté, tu fis ce monde à ton image ; mais pour que, parfait dans son tout, il le fût autant qu'il était possible dans chacune de ses parties, ta toute puissance concilia dans les éléments, les qualités à leur contraire. Ainsi, dès-lors, le froid s'accorda avec le chaud, le sec avec l'humide ; le feu, malgré sa légèreté, ne put s'échapper, ni la terre, quoique pesante, être submergée sous le fluide qui l'environne. C'est toi qui as répandu dans l'univers l'esprit bienfaisant qui l'anime, et qui règles les révolutions des astres sur le plan tracé dans ta sublime intelligence. Tu as également créé les ames et autres substances incorporelles d'un ordre inférieur, pour que, répandues sur la terre et dans les cieux, elles occupassent le lieu que tu leur as destiné, jusqu'à ce que, par une loi pleine de bonté, elles reviènent à toi comme à leur premier principe. Auteur de notre passagère existence, élève nos ames jusqu'à ton auguste séjour, et conduis-nous à la source du souverain bien. Favorise-nous de cette lumière cèleste qui seule peut te rendre visible à nos faibles yeux ; et dissipant l'obscurité qui t'environne, brille de tout l'éclat que comporte ta gloire. En toi seul sont la paix et le bonheur que nous cherchons, étant, comme tu l'es, notre principe et notre fin, notre guide et notre soutien, le terme où nous aspirons tous, et la voie qui peut nous y conduire ».

(3) Le zéphyr est un vent d'Ouest, que les poètes déifièrent à raison de ce que son doux souffle contribue à la naissance de la verdure qui pare la terre au retour du printemps, et à la richesse des campagnes, lorsqu'en automne il amène la maturation dans les fruits. On le représente sous la forme d'un jeune homme, ayant des aîles de papillon, un regard fort tendre et la tête couronnée de fleurs de différentes espèces. On l'a dit fils de l'Aurore et l'époux de la belle Chloris, déesse qui reçut pour dot l'empire des fleurs.

Les Athéniens lui dressèrent un autel dans le temple octogone qu'ils avaient élevé aux vents. Le jeune dieu y paraissait avec toute la fraîcheur de la jeunesse, presque nud; il semblait glisser dans le vague de l'air avec la légèreté de l'alcion qui rase la surface de la mer en battant de l'aîle. Son nom, dérivé de deux mots grecs qui signifient *vivre* et *porter*, caractérise ses fonctions, qui sont d'exciter à la vie les corps organisés qui sont pleins de sucs au retour du printemps. Zéphyr eut de nombreux enfants qui héritèrent de l'aimable caractère de leurs parents; les poètes en firent le cortège de l'Amour; on leur immolait une brebis blanche. Ainsi, Anchises, près de s'embarquer, en offre une *zephyris felicibus albam.*

(4) Hérodote, tout conteur qu'il est, rapporte au sujet d'Europe, que Jupiter, roi de Crète, ayant abordé en Phénicie, sur un navire qui portait à son pavillon un taureau, y devint amoureux de la fille du roi Agénor, et l'enleva. De là, la fable que nous ont laissée, sur ce fait, Ovide et Horace, fable que leurs successeurs ont embellie de tous les charmes de la poésie descriptive. Mais que leurs tableaux sont faibles

en teintes, si on les compare au coloris gracieux dont brille la belle idylle de Théocrite, intitulée Europe. Autant leurs détails sont froids, autant ceux de notre bucoliste sont vifs et animés. Horace, aussi libre que s'il parlait de sa Lydie, termine son récit par faire dire au dieu à l'oreille de la princesse qu'il veut consoler dans son malheur : *Uxor invicti Jovis esse nescis*. Ce n'est certainement pas suivre les convenances, encore moins la décence.

LA DÉFAITE.

Ah ! combien de raisons n'ai-je pas pour craindre Zoroas, et tous les témoignages qu'il me donne de son zèle ! Oui, sous cette apparence de la plus grande candeur, est caché un venin qui pourra me devenir funeste. Cet amant cherche à s'emparer de ma raison et à me lier peu-à-peu par des chaînes dont j'ignore la nature. Mes moyens de défense à cet égard sont inutiles, et je ne saurais trouver des motifs suffisants pour rompre avec lui, tant est grand l'empire qu'il a su prendre sur mon cœur. Recommandable par ses hautes connaissances et par la maturité de son âge, il a su m'entraîner à lui ; et dans l'incertitude où je suis, je ne puis que me livrer à mon vainqueur. S'il me regarde avec langueur, il réveille en mon ame les doux sentiments que sa franchise y a fait naître. Eloquent et recherché dans l'art de la persuasion, il ne m'en attache que plus à lui dans mes irrésolutions. Combien de fois n'ai-je pas lu sur son visage les indices du trouble dont il était agité ! Ah ! insensée que je suis, je n'ai que trop appris que l'Amour a aussi son langage. C'est donc de moi que désormais vont lui dériver les sources du plaisir ou de la tristesse qui lui sont réservés ; et c'est moi qui dois contribuer à son bonheur ou à son malheur ! Ah ! pourquoi aurais-je la cruauté d'exciter l'aiguillon qui blesse son cœur, et ajouterais-je ainsi une nouvelle cause à son chagrin ? Grands dieux ! détournez de moi une telle pensée. Qu'elles ayent leur aliment ces douces émotions qui, s'augmentant chaque jour en moi, n'en méritent que plus les faveurs de l'Hyménée. Je l'aime, oui, je l'aime. Je sens le trait aigu qui m'a blessée, et le venin dont il était imbu, porte ses ravages jusqu'au fond de mon cœur. Opposerais-je actuellement une nouvelle résistance à l'ardeur qui me consume? Non, il faut céder, il n'est aucun autre moyen d'éviter le malheur dont je suis menacée. Tu l'emportes sur moi, dieu tant de fois cruel aux jeunes amants ; tu as vaincu, et désormais, il n'est plus de bornes à tes ruses. Ainsi, puisque mes prières ne peuvent plus rien sur l'inflexible destin, il sera dit que je me suis soumise à tes lois. Va, monte actuellement sur ton char d'ivoire, en déployant l'or et le rubis de tes aîles ; dirige ta route vers les régions de l'Olympe, et cours confier ta fourberie dans le sein de ta mère. Celle-ci, te souriant agréablement, applaudira à ton triomphe, pendant que ses mains légères sèmeront les roses sur ton visage.

LA CAPITULATION.

Ainsi, me voilà contrainte à t'avouer ma défaite, moi, Zoroas, qui, jusqu'ici, ai eu en aversion les lois de l'Amour; et des chaînes vont peser sur mon cœur, sans qu'il me reste l'espoir de pouvoir les rompre, encore moins, d'éloigner de moi les maux qui sans doute m'attendent! Hélas! pourquoi ai-je tant combattu, si, victime de l'Amour, je ne pouvais détourner ses traits de dessus mon cœur? Eh bien! je me soumets à mon vainqueur; que désormais, il ne trouve plus d'obstacle à ses desirs. Ah! qui le croira? le crime vient de s'échapper de mes chastes lèvres; et ma bouche, en s'entr'ouvrant, a constaté ma honte. O mes larmes! ne sera-t-il point en votre pouvoir d'effacer cette faute? Pudeur, compagne fidèle de la décence, me refuseras-tu ton secours; et coupable comme je le suis, ne trouverai-je plus dans ma conscience les doux sentiments de l'honneur? Ainsi va se développer pour moi une chaîne d'inquiétudes, sans que je puisse écarter les menaces du sort. Perfide! c'était donc là où tendaient tes avis, tes soins et tes embûches? Tu cherchais, puisque je puis le dire, à tromper l'innocence, et tu n'as point eu pitié de ma faiblesse. Ainsi, la candeur de notre sexe ne pourra se soustraire à la cruauté du vôtre! Le crime aura sa récompense malgré l'encens que je porterais aux autels; et le coupable serait le seul qui n'en serait point puni! Malheureuse! où le délire égare-t-il ma raison, en forgeant de nouveaux maux qui retomberont sur moi? Zoroas, en te faisant des reproches, je parle contre mon gré. Pardonne à la douleur, si ses accents t'offensent et ne peuvent s'allier à ta tendresse; car, quoique j'aye tout lieu de croire que tu ne veux point tromper mon inexpérience, cependant, il me reste encore quelques soupçons. Combien de fois ne m'a-t-on pas dit qu'il fallait fuir les douceurs de l'Amour, et que les moindres entraînaient souvent le plus cruel poison ! Mes compagnes, sur ce point, avaient déjà prémuni mon innocence; et ma mère avait confirmé leurs avis par ses conseils réitérés; mais, dès que je t'ai vu, dès que j'ai senti les influences de ce feu qui m'était jusqu'alors inconnu, le doute, qui n'était qu'une erreur, m'a entièrement abandonnée. Cependant, je soupçonnais par fois qu'il pouvait y avoir quelque mal en cet amour; mais, ingénue comme je l'étais, je cherchais à le faire dériver de la source la plus pure. Hélas! une puissance inconnue lui a dernièrement donné une telle force, que désormais il ne saurait diminuer. Ainsi attirée par le plus doux charme, mais craintive sur le danger qu'il pourrait m'amener, je me sens sous le pouvoir de deux forces nouvelles. Ecoutant ce que dicte la raison, je vois bien le parti le meilleur à prendre, je l'approuve même; mais, bientôt hors de moi, je me laisse aller vers le pire. Que sont devenus ces jours que je passais dans les amusements de mon âge, où mon ame, exempte de crime, l'était aussi de remords? J'étais alors entièrement à moi, n'ayant aucune raison de réprimer ma volonté. La vue d'un amant a fait fuir de moi tout mon bonheur. Sont-elles vraies toutes ces protestations d'une ame qui me semble être si franche, et puis-je regarder tes paroles comme fondées sur le plus pur sentiment? Ah! combien de fois, sur terre comme sur mer, les serments les plus expressifs des amants n'ont-ils pas été le jouet des vents (1)! Cependant, en revenant sur la nature des tiens, je ne puis croire qu'ils cachent le mensonge. Suivons donc la carrière que la fortune nous ouvre (2), et reçois enfin l'aveu de ma défaite. O mon réfuge, mon unique appui dans mon malheur! si les doux sentiments que j'éprouve te sont agréables, et si réellement tu n'es point indifférent à quelques avantages dont m'a favorisée la nature, respecte celle qui te fait l'aveu de sa faiblesse. Je tiens aux principes de l'honneur, aye donc en ce moment égard à ma prière. J'ai recours à toi, deviens la cause de mon retour vers lui. Conserve-moi digne de toi, digne de ma mère; et diminuant les droits que tu as su prendre sur ma raison, apporte-moi le plus prompt secours. Tu peux, dès à présent, affaiblir le danger de ma blessure, en m'indiquant comment je pourrais éviter qu'elle ne s'envenime. Ne souffre donc pas que j'aye à rougir de ma conduite, et occupe-toi des moyens qui conviènent à ma situation présente. Mais, plus mon amour est sincère, plus tu dois te porter à éclairer ma bienveillance, en me disant si c'est le dieu de Cythère ou non, qui allume en mon cœur ces feux dont la violence me subjugue souvent et me rappèle tout ce qui, en toi, contribue à le nourrir. Que signifient ces vives émotions que j'éprouve en ta présence, et qui cessent quand tu t'éloignes ? D'où dérive le pouvoir qui les alimente ? Que m'annoncent ces douces agitations, lorsqu'à l'écart, éloignée de tout témoin, je savoure les principes d'une doctrine qui coule si agréablement de tes lèvres ? Oui, tu m'es toujours présent, au moment même ou tu t'éloignes, et tout te peint à mes yeux en ton absence. Les émotions de l'amour que j'éprouve depuis peu ont leur douceur, je l'avoue ; mais j'entends au-dedans de moi une voix qui me crie, que souvent elles nourrissent le crime. Ah ! s'il en était ainsi, pourquoi manqueraient-ils à un amant sincère ces moyens qui seuls peuvent l'effacer ? Pourquoi ce grand être, qui a si bien dirigé toutes les opérations de la vie, aurait-il souffert que ses faibles créatures éprouvassent les influences d'un feu irrésistible, si chacun de nous est forcé de réprimer des sentiments qui font notre bonheur, quand une impulsion secrète nous porte à leur donner l'essor ? Mais, j'accorde que ce soit un crime ; ôte-moi au moins les moyens de le commettre, et répare le mal, en me laissant l'espoir de pouvoir l'éviter. Mais, sur-tout, apprends-moi d'où vient ce charme qui, dans le printemps de la vie, attire l'un à l'autre ceux qu'un même sentiment anime ; quel but, quelle raison, quelle fin ont ces actions générales? Sur-tout, entre dans la plupart de ces détails qui ne peuvent être cachés à un philosophe.

---

(1) Platon dit dans son Philèbe : « On prétend que les dieux ne tiènent aucun compte des serments que font faire les plaisirs d'amour, qu'on peut regarder comme les plus grands de tous ; qu'ainsi on peut se parjurer en pareil cas, parce que les sensations délicieuses qu'ils font naître sont autant d'enfants qui ne connaissent pas la raison pour mère.

(2) Tels étaient les conseils que les philoso-

phes grecs ne cessaient de donner aux hommes, pour des circonstances de la vie beaucoup plus critiques que celles dont il est fait mention dans le texte. Pindare, qu'on lit toujours avec un nouveau plaisir, dit dans une de ses Pythiques : » Il faut sur-tout ne jamais lutter contre le ciel, car c'est lui seul qui dispose des choses de ce monde inférieur, et qui distribue la gloire et les honneurs ». Cette morale n'est pas celle des esprits communs ; mais en voulant se tirer de l'état qui pèse sur nous, on est souvent entraîné par un contrepoids terrible, et l'on porte à son cœur des blessures bien cruelles, sans parvenir à ses fins. Que de personnes, dans les derniers temps d'horreurs où fut plongée la France, vivraient encore, si, connaissant ce passage du prince des lyriques, elles eussent réglé leur conduite d'après lui !

L'ACCLAMATION.

Puissances de l'olympe, témoins naguères de la rigueur de mon sort, soyez-le maintenant de mon nouveau bonheur ! C'était assez, récemment, d'une ame pour supporter ma peine, accordez-m'en une seconde aujourd'hui, pour pouvoir suffire aux émotions que j'éprouve. Ainsi donc, Pancharis, tu te rends à mes voeux, et récompensant mon attachement, tu rives mes fers par l'ingénuité d'un si tendre aveu ! Ah ! qu'une pareille faveur me rend heureux, en comblant mon espoir ! Ainsi, dès ce moment, commencent réellement mes jouissances ; et sous d'aussi heureux auspices, les assurances tant de fois données de mon dévouement, ne seront point perdues pour moi. Hélas ! une fille ingénue qui répond aux premières impulsions de son cœur, pourrait-elle feindre, dans un pareil écrit, des sentiments qu'elle n'éprouverait point? Quoi! le mensonge pourrait ainsi se produire sous des apparences si captieuses; loin de moi cette idée qui, ne m'offrant que le poison, pourrait me la faire croire criminelle. Que je la lise et la relise, cette lettre qui me fait vivre et mourir en un même temps. Non, je ne puis suffire à une pareille jouissance qui m'apporte la vie au moment où j'allais la perdre. Imprimons sur le seing le plus tendre baiser; et que l'Amour, source de ma vie, te le porte aussi brûlant qu'il s'est échappé de mes lèvres. Puisse cet enfant débonnaire, exciter en toi une ardeur pareille à celle qui me consume, en lisant les caractères que tu viens de me tracer! C'en est assez, Vénus; mets un terme à tes faveurs, si tu veux que je reste sous les lois de ton aimable empire! sache que mon âme répond avec peine à de si vives émotions, qui l'accableront pour peu qu'elles se continuent! Ah,

Pancharis ! si tu recèles en ton cœur un amour tel que celui dont tu me fais part, éloigne tout retard. Tu l'as deviné, tu es sous le pouvoir du dieu de Paphos ; mais n'en prends aucun motif de crainte. Eh ! pourquoi mêlerais-tu quelqu'amertume à d'aussi grandes douceurs, lorsqu'écoutant les vifs sentiments que tu nourris pour moi, tu oses me les faire connaître ? Non, crois-moi, le crime ne peut ni ne pourrait se mêler dans cette réciprocité d'amour que Vénus ne voit point avec indifférence. J'en atteste la déesse d'Éleusis (1) et ses mystères sacrés que j'ai tant de fois invoqués, lorsque tu différais à réaliser mon bonheur. Ainsi donc, j'ai l'espérance de bientôt mêler mon ivresse à la tienne, en te donnant des preuves de l'ardeur que tes charmes entretiènent dans mon cœur. Non, aucune allégresse ne peut se comparer à celle que j'éprouve. Unissons tellement notre existence, que rien entre nous ne soit caché ; mais, sois discrette sur les choses que la déesse de

Cythère pourrait te révéler. Il est en effet des mystères qu'elle confie aux amants et encore plus aux vierges, qu'il faut bien se garder de faire connaître au vulgaire. Quant aux raisons pour lesquelles la nature a caché en nous ce feu puissant qui donne le mouvement à tous les êtres, cette question, sur laquelle tu demandes quelques éclaircissements, est pour moi un motif de te développer les principes de cette sublime philosophie qui te convaincra de l'existence d'une force cachée, d'où dérivent toutes les merveilles de l'univers. Je répondrai à ton desir ; mais en te racontant l'origine de la vie chez tous les êtres qui en jouissent, ce qui contribue à l'ornement de la création, et les causes cachées qui établissent l'empire de l'Amour sur toute la terre, puissé-je donner une nouvelle force à l'ardeur dont tu sens déjà tout le charme !

---

(1) Ville de l'Attique, près d'Athènes, dans

laquelle régnait Céléus, père de Triptolème. Cérès y avait un temple magnifique où l'on célébrait, sous le nom d'Eleusinies, ses mystères, qu'on distinguait en grands et en petits. Ceux-ci, qui furent institués pour les étrangers, préparaient aux grands mystères, à l'initiation desquels les citoyens seuls pouvaient aspirer. Ces sortes de cérémonies mystiques, originaires d'Egypte, naturalisées chez les Grecs et dans leurs colonies, eurent une telle célébrité chez ceux-ci, à raison du bonheur qu'on promettait à leurs initiés pendant leur vie et après leur mort, que la plupart de ceux qui avaient une éducation soignée, se présentaient pour y être admis. Communément, on passait de l'initiation des petits mystères aux grands; on cite cependant quelques personnes qui furent dispensées de ces premières épreuves; tels furent Hercule, Pollux, Castor, Esculape, Hippocrate et Anacharsis le Scythe.

LE GAGE.

Myrte charmant, emblême et ornement suave de la belle Cythérée, à ce titre digne du respect que te doivent les jeunes filles qui la révèrent; toi qui, enlacé en guirlandes odorantes, donnes l'éclat du printemps aux autels de cette déesse; gage et indice du joug le plus agréable, dont l'odeur est si prisée de ceux qui portent leurs offrandes sur les autels d'Idalie, secoue tes perles qui sont autant de pleurs de la brillante Aurore, et va ensuite parer le sein de ma maîtresse: c'est bien avec raison que ta tige craignait de succomber sous le poids des frimas, lorsque Borée les amenait du fond de la Scythie. Mais, combien mes dangers surpassaient alors les tiens, quand Pancharis, toujours trop cruelle, ne payait encore mon ardeur que par des délais! Confident de mon bonheur, fais que mes desirs ne trouvent plus d'obstacles. Quand cette belle te placera sur son côté, éloignant d'elle ce qui pourrait nuire à mon amour, ne souffre de personne aucune de ces libertés dont j'aurais à me plaindre. Hélas! quoique le jour se fût levé brillant des rives de l'Aurore, combien de fois la tempête la plus violente n'a-t-elle point sévi au moment où le soleil s'approchait des rives de l'Hespérie? Quelle serait mon ivresse, si je pouvais au plutôt jouir de ton sort, et ainsi que toi, reposer paisiblement sur l'albâtre qui t'attend! Comme mes lèvres se porteraient aussitôt sur chacune de ces roses si propres à nourrir mon ardeur! Tiens, reçois ce baiser et encore celui-ci; oui, porte-les, comme tant d'autres, sur le sein où tu brilleras d'un nouvel éclat. C'est le séjour le plus agréable que tu puisses choisir et qui aussi recevra de toi quelque lustre. Préside aux routes du bonheur; parfume ces régions plus blanches que la neige, en y exhalant toute ton odeur ! Quand ta tête languissante succombera sous son propre poids, qu'aussitôt elle reprène sa première vigueur, et que, plus resplendissante, elle donne un nouveau prix à leurs charmes. L'Amour, je l'espère, toujours favorable à mon ardeur, t'indiquera vers quel lieu elle doit se pencher. O myrte chéri ! conserve toujours la fraîcheur de ton feuillage, et lorsque la Parque aura coupé le fil de ma vie, qu'il me soit accordé une dernière faveur, celle de te savoir reposer dans ma tombe, couché sur mon sein !

LA FONTAINE.

O fontaine Limniade ! plus renommée par la clarté de tes eaux, que ne l'était Dircée (1), si célèbre dans l'antiquité ; honneur de la colline et l'espoir du malheureux que la maladie opprime ; toi, qu'aucun ruisseau ne surpasse en clarté, même lorsqu'il se répand çà et là en ondes plaintives ; délices de ma maîtresse, qui récemment fus aussi les miennes ; toi, qui naguères encore fus le sujet de nos chants; continue ton doux murmure en sortant du brillant rocher qui te donna le jour ! Que le gazon qui croît sur tes bords, conserve long-temps sa fraîcheur ; que le saule pleureur et le peuplier élancé offrent une ombre épaisse qui puisse plaire à ta Nymphe, qui se nourrirait d'amour, ainsi qu'au Faune qui, épris de la beauté de ce séjour, y viendrait moissonner des jouissances ! Que la hyacinthe et la violette, pendant qu'ils se donneront des preuves réciproques de leur ardeur, exhalent leurs plus douces émanations, et que les lys versent des larmes de plaisir ! Que l'Hyppocrène (2), tant de fois chantée par les bergers de l'Arcadie, coule par des détours plus agréables que les tiens ; et que les Latins vantent leur fontaine de Blanduse (3), tu n'en recevras pas moins mes hommages ! O source sacrée ! tu sais te soustraire aux ardeurs de la Canicule, dans la grotte qui te défend des influences trop vives du soleil ; aussi attires-tu vers toi le voyageur fatigué, qui desire soulager sa soif et se refaire sur tes bords des peines de sa route. Si ma muse me seconde, tu deviendras avec raison une des fontaines les plus célèbres, lorsque j'aurai chanté ces troënes touffus qui croissent sur ton sommet. O toi qui procures si souvent une fraîcheur agréable à ma maîtresse, lorsque de ses pieds tremblants elle sonde tes bords, use désormais de tes droits ! Lorsque la trop grande chaleur la forcera à chercher le frais dans tes eaux, caresse les charmes de son beau corps, ces lys et ces roses qu'elle cache soigneusement sous la pourpre de Tyr. Pour récompense, j'ornerai d'un nouveau feuillage ton sommet, et je te promets une inscription digne de la Nymphe à qui tu dois tout ton éclat (4).

---

(1) Fontaine de Béotie, qui fut consacrée aux Muses. Voyez Ovide et autres mythologues, relativement à la manière dont cette fontaine fut formée.

(2) Autre fontaine qui coule au pied du mont Hélicon, et dont les eaux ayant fait nombre de circuits dans les plaines fleuries de la Phocide, viènent ensuite entourer le Parnasse. Ovide dit dans ses Métamorphoses, qu'elle jaillit d'un coup de pied que Pégase donna sur le sol, ce que désigne la racine de son nom.

(3) Celle-ci se trouvait dans la maison de campagne d'Horace, située dans le voisinage du pays des Sabins, près le bourg Mandéla ; elle faisait un des principaux agréments de ce séjour, si l'on en croit ce poète qui, dans une ode, lui a donné l'immortalité.

(4) Les anciens, qui ne regardaient point avec indifférence les phénomènes de la belle nature dans l'ordre merveilleux de l'univers, les rapportaient tous à des divinités particulières qui présidaient à leur développement. Ils ne voyaient point un chêne, un châtaigner étendre majestueusement ses branches, qu'ils n'attribuassent cet effet à un être surnaturel caché dans le tronc que respectait la hache. Une grotte n'offrait point au voyageur un siège pour le délasser des fatigues de sa route, qu'ils ne regardassent ce bienfait comme venant du génie qu'elle recelait. Les fontaines ne laissaient point couler leurs eaux, sans que des nymphes ne prissent plaisir à en épurer le crystal. Les plus célèbres de celles-ci, au dire d'Homère, dans son Ode à Vénus, habitaient sur les célestes côteaux de l'Ida, dont les eaux viènent former le Simoïs. Quoiqu'elles ne participassent point de la nature

divine ni humaine, elles ne se nourrissaient pas moins de l'ambroisie sacrée, et même elles étaient admises, par les grandes déesses, dans leurs chœurs de danses. Elles se joignaient d'amour avec Silène et le galant messager des dieux, dans les sombres retraites des bois silencieux. Les fleuves et autres eaux courantes étaient également sous le pouvoir d'un être invisible qui veillait sur elles. Hésiode, en donnant des conseils à Persée, dit à ce sujet : « Ne trempez pas le pied dans l'eau limpide d'un ruisseau, avant d'avoir imploré la divinité qui préside à son cours, avant d'y avoir purifié vos mains; car les dieux font sentir leur colère à ceux qui traversent les fleuves sans avoir rempli cette cérémonie religieuse, ils la font retomber encore sur leur postérité. Ne profanez pas de vos ordures les fleuves sacrés et les fontaines divines qui portent le tribut de leurs ondes dans la mer ». Enfin, ce que les hommes avaient accordé aux êtres inanimés, ils ne tardèrent pas à se l'attribuer à eux-mêmes; ainsi Numa eut pour lui la nymphe Egérie, Socrate, son génie familier, qui, pour ces philosophes, n'étaient que leur propre conscience; d'autres, leurs sylphes, leurs gnômes, leurs fées; et les chrétiens, leur bon ou mauvais ange, qui les portait à faire de bonnes ou de mauvaises actions.

L'ESQUISSE.

SOUTENU par une force secrète qui m'anime, je vais développer l'origine des choses et considérer plusieurs des merveilles de la brillante nature (1). O Cythérée ! toi qui tiens sous ta puissance les cieux, la terre et les ondes que tu vivifies, accorde-moi ton aide et daigne prendre intérêt à une doctrine sur qui est fondé ton empire ! Pancharis, pendant que ma muse m'inspire, prête-moi une oreille d'autant plus favorable, que je vais te développer des faits importants à connaître. Si tu saisis bien les points sur lesquels je m'arrêterai, tu sentiras l'avantage de t'être récemment désaltérée à la fontaine sacrée de Mnémosine (2).

Tout ce qui vit, tout ce qui est doué d'un sexe, s'attire par des forces cachées et s'unit lorsque le terme de l'accroissement étant venu, les organes ont acquis toute leur vigueur. Telle est la loi que la nature a imposée aux êtres en les créant, loi à laquelle ils doivent tous souscrire tant que le mouvement sera l'indice de la vie. Nous sommes forcés de nous y soumettre, aussi-bien que les plus petits individus qui végètent sur terre et jusqu'au fond des mers. Le palmier femelle ne produit rien s'il est éloigné du mâle. Les espèces sont-elles voisines ? bientôt la première offre les apparences d'une fécondation non douteuse. L'auteur des choses a caché dans tous les animaux, un pouvoir secret qui les porte à se reproduire, de manière qu'une génération succède à une autre, et ainsi pour toujours, jusqu'à ce que le terme arrive pour les espèces à naître. Mais, pour mieux remplir ses fins, il a caché en eux un feu inconnu qui, à une époque donnée, met l'homme hors de lui-même, dont se sent atteint celui qui approche de sa puberté, et que le vieillard voit avec peine s'éteindre en lui dans l'hiver de sa vie. Les machines animales succomberaient bientôt sous son pouvoir, s'il n'entraînait point les espèces vers cette union qui en éteint la trop grande ardeur. De là, le joug général que subissent tous les animaux, et duquel ne saurait se soustraire aucun être, soit qu'il vive dans les réduits inaccessibles de la terre, qu'il en parcoure la surface en rampant sinueusement sur elle, qu'il fende de ses nageoires les mers écumantes, ou qu'étendant ses aîles légères, il se confie aux plus hautes régions de l'air. Ainsi l'aimable Volupté adoucit les êtres les plus féroces et les rend heureux au milieu des applaudissements que la déesse de Cythère leur prodigue. Le poisson, au fond des eaux, trouve une compagne qui partage ses plaisirs; la biche contracte alliance avec le cerf; la folâtre génisse qui naguères se refusait à toutes caresses, impatiente d'amour, court çà et là dans la prairie après le taureau qui voudrait l'éviter. L'habitant des airs a également sa compagne qui, répondant à son ardeur, s'unit à lui pour vivre en commun, quand la saison d'amour approche. Aurais-tu oublié les mutuelles ardeurs et la douce union des tourtereaux et tourterelles, et leur langage passionné, que les poëtes ont si souvent chanté? Quels roucoulements le couple fait alors entendre! quelle beauté dans le lustre de son plumage! quelle variété de couleur chacun offre sur son cou, lorque se rengorgeant, il invoque dans ses tendres gémissements l'aimable Cythérée, et que çà et là dans les bosquets fleuris, tous deux cherchent à répondre à leurs tranports! Mais quel profond silence succède à leurs accents, lorsque réunis sous le joug de l'hymen, ils s'occupent à former un nid au futur produit de leur ardeur! Une même fidélité lie l'un et l'autre, une même intention les dirige; égaux comme ils le sont en amour, ils goûtent les douceurs du même sentiment qui les anime! Voilà le sort qui nous attend, et quelque contraire que tu voudrais être à ces lois générales de l'univers, tu ne saurais rien leur opposer, établies comme elles le sont pour perpétuer les générations. Mais, abrégeant ce que je pourrais dire sur cette matière, je n'en établirai pas moins les points qui peuvent répondre à mes vues. La puberté est l'époque de la vie la plus proche de celle qu'on nomme jeunesse, âge ou chacun cherche à s'unir d'amour à son pareil. L'homme alors, sentant qu'il n'est point fait pour lui seul, cherche à former une liaison avec un sexe différent du sien. De là, ce desir qui porte la jeunesse à s'étreindre dans des liens mutuels, pour répondre aux grandes lois de la nature. Ainsi, çà et là, dans une égale ferveur, cherchent à renaître les hommes, que tant de causes de destruction assaillent de toutes parts; et comme il en est un si grand nombre qui, courant à leur perte, sont emportés par les maladies, la guerre et autres hasards, pourrais-tu blâmer ces douces chaînes qui, formées sous les auspices de l'Amour, nous entraînent à réparer le vuide des races perdues? Or, comme les fourmis n'engendrent plus aujourd'hui aucun Myrmidon (3), et qu'il n'est plus de Pyrrha qui, jetant en arrière des cailloux, leur donne la vie, nous sommes donc obligés de remplir les pertes par une union réciproque, pour prévenir ainsi la défection de l'univers. Tu vois d'après ce précis, s'il peut être un crime cet amour qui nous porte à renouveler ce qui périt, en appelant les sexes vers des jouissances qui leur sont inconnues. Non ! il n'est point un crime; autrement, quels obstacles ne s'offriraient point aux moyens de reproduction que tente la nature? L'Univers, quelqu'admirable qu'il soit, considéré dans les ressorts qui lui donnent la vie, succomberait bientôt alors sous le poids de la vieillesse. Mais, quels moyens, demanderas-tu, la suprême sagesse a-t-elle opposés à un pareil danger? Je te satisferai sur ce point, dès que la puissante Cythérée t'aura fait connaître, dans l'initiation par où tu dois passer, les mystères relatifs à son culte. Revêtu par elle, du caractère sacré de son ministre, il est de mon devoir de t'indiquer l'encens qui lui est le plus agréable. Ainsi compte sur ma parole, je jure par les liens qui nous unissent, de seconder ton zèle; en vain voudrais-tu différer, lorsqu'il n'est aucun danger à courir.

---

(1) *Naturæque bona signa viasque sequi.* Cette expression de l'auteur indique qu'il n'entend traiter que des phénomènes relatifs aux êtres vivants, et dont la continuation contribue à l'harmonie qui règne dans l'ensemble des objets créés. On peut, à cet égard, regarder la nature comme une mère indulgente, dont les mamelles, abondamment fournies de principes nutritifs, accordent avec largesse aux hommes, la nourriture dont ils ont un besoin absolu pour continuer leur existence; comme une mère la plus tendre qui, ne cessant de les combler de tous ses bienfaits pendant leur vie, recueille après leur mort leurs restes inanimés qui s'en-

tassent dans son sein, ce vaste abîme d'où sortent et rentrent continuellement tous les objets qui paraissent momentanément sur la scène changeante du monde. L'homme qui médite silencieusement sur toutes ces opérations, et qui monte ses idées à leur majestueuse hauteur, est le philosophe par excellence. « La philosophie, disait Aristote dans son livre du Monde, ne paraît divine que quand elle prend son essor pour aller arracher son secret à la nature, et monter à la source de l'éternelle vérité. Intrépide et courageuse, elle ne se rebute jamais. Née pour cette conquête sublime, elle ne se donne nul repos qu'elle n'ait ravi la palme ». « Le sage, observe Pindare dans une de ses Olympiques, est celui qui connaît les grands secrets de la nature ; et le troupeau des hommes, qui n'en parle qu'avec des connaissances incertaines, ressemble à la babillarde corneille qui cherche à étourdir de ses vains croassements l'oiseau de Jupiter ».

(2) Fontaine célèbre aux environs de Milet. Elle était consacrée à la mère des Muses, qu'on appelait Mnémosyne, ou la déesse de la mémoire. Ses eaux étaient renommées pour rappeler cette faculté, quand elle était perdue, et

en donner une meilleure à ceux qui en avaient une faible. Il ne faut point confondre cette fontaine avec une autre qui était en Béotie, à l'entrée de l'antre de Trophonius. Voyez, pour celle-ci, Pausanias, liv. IX.

(3) Nom du peuple auquel commandait Eaque, dans l'isle d'Egine, aujourd'hui Lépante, avant qu'il ne méritât la place de juge aux enfers. Ce nom a pour racine le mot grec *murmex*, qui signifie fourmi; et voici à ce sujet, ce qui donna lieu à cette dénomination. La peste ayant dépeuplé les états de ce prince, il obtint de Jupiter son père, que les fourmis fussent changées en hommes, et pour conserver la mémoire d'une telle faveur, il leur en donna le nom. Voyez, sur cette matière, le livre VIII des Métamorphoses d'Ovide.

L'ÉTUDE.

PANCHARIS ! quels avantages pourront te procurer ces Muses auxquelles tu consacres si souvent tes loisirs ? Qu'espères-tu de ces dogmes philosophiques que tu reçois avec une ardeur sans borne ? Je t'accorde que Cemée se soit fait un grand nom par les études auxquelles elle s'est livrée ; que c'est au charme de ses vers que Corinne doit toute sa gloire (1). Ah ! plus prudente qu'elles, garde-toi désormais de toucher ces armes qui seront funestes à des cœurs ingénus ! Que ceux qui se sentent nés pour la célébrité, vantent les sources fécondes d'Ascrée (2) ; quant à toi mets toute ta gloire à te désaltérer à celle de Chypre. Crois à Mimnerme (3), quand il dit combien il importe d'allier à l'étude, les jouissances connues à Paphos : «Vous cherchez le plaisir, s'écrie dans son ivresse, ce poète célèbre; eh! peut-il y en avoir de réel, quand Vénus est loin de nous? Ah! qu'elle cesse, mon agréable existence, avant que je ne sois privé de ses largesses; la mort alors sera pour moi la plus grande faveur que je puisse goûter. Amis, vous me demandez quel est celui que la fortune regarde avec plus de complaisance: eh bien! c'est celui à qui Vénus sourit le plus. Oui, celui-là éprouve tous les charmes de la volupté qui, étreint dans les bras de celle qu'il aime, lui communique ses transports. Oui, celle-là éprouve tout le charme de la volupté avec laquelle soupire un amant dont la flamme égale celle dont elle brûle. Hélas! cette déesse, toute occupée des jouissances de la jeunesse, fixe ses soins sur cet âge; et belle comme elle l'est, elle fait peu de cas des vieillards, qui n'ont aucun moyen de lui plaire». Tels étaient les préceptes que ce poète répandait dans ses écrits destinés à l'instruction de la jeunesse; ils sont aussi ceux dont je voudrais te voir pénétrée (4). Mets donc des bornes à ton ardeur, et défie-toi des illusions où pourrait t'entraîner l'art de Théon (5), en voulant ajouter par lui un nouveau prix à tes charmes. Quel avantage te reviendrait-il encore de si bien connaître le cours des astres et la cause des phénomènes qui constituent les éclipses de lune (6)? Pourquoi vouloir pénétrer la nature du souverain être de l'univers, les ressorts qui font agir les machines organisées; les lois que celles-ci observent dans leurs actions; les raisons de la stabilité qui règne dans toutes les opérations qui en dérivent? Laisse ce soin à ceux qui n'ont que l'intérêt en vue, ou qui se repaissent des vains honneurs de la gloire. Tu ne m'en plairas que plus dans l'ignorance où tu pourrais être sur les divers phénomènes qu'offre l'univers au regard du philosophe. Tu te refuses à mes avis? Eh bien! puisque l'étude a tant d'attrait pour toi, que je sois donc le seul qui t'ouvre le sentier de la science. Melpomène (7) t'a souri au-delà de tes espérances; tu excelles dans l'art de Terpsichore (8) et même dans les pas qui plaisent tant à ceux qui habitent les bords du Nil. Actuellement que je t'instruis sur le mode lesbien et que, sachant allier les doux sons de ta voix à ceux de la cithare, tu peux mieux en sentir tout le charme, quelle doit être ta jouissance, en t'occupant des morceaux qui te sont déjà connus! Ah! combien grande est mon ivresse, quand tes doigts parcourant l'échelle chromatique de l'octave d'une manière plus ou moins précipitée, selon que la modulation le demande, tu fais tellement ressortir les inflexions de ton chant, qu'il me semble entendre une prêtresse d'Idalie, adressant sa prière à la déesse qu'on y révère! Exempte de tout préjugé, accorde donc quelque chose à un âge où toi et tes pareilles sont destinées à d'autres plaisirs. Que l'Amour et sa mère, si nous desirons qu'ils nous soient favorables, ayent tous deux leurs offrandes, et que notre encens fume sans cesse sur leurs autels. Demande-leur de toujours brûler du même feu, pour que ton amant ne puisse te taxer d'inconstance, et rejète de tes études ce qui augmenterait ton ennui, si tu voulais vivre dans la retraite. Ah ! toute science étrangère à l'amour ne peut manquer de nous déplaire. Si tu veux satisfaire ta curiosité, lis dans Hésiode (9) quelle fut l'origine des dieux et les inclinations qui furent particulières à chacun d'eux. Qu'Euripide te détaille les formes variées dont se revêtit Jupiter; celle que prit Neptune en sortant des eaux; celles qui plurent au dieu des vers; lorsque, parcourant la terre, ces divinités peu scrupuleuses sur les moyens, n'étaient occupées que de satisfaire leurs desirs. Apprends dans Bion, quelles furent ces agréables chaînes qui lièrent les pasteurs à leurs compagnes; et dans Théocrite, les anecdotes qui sont relatives aux histoires amoureuses dont il fait le récit. Mais que la joyeuse Thalie (10) préside toujours à tes chants ; et que le bon Anacréon (11) te fournisse les paroles que tu dois allier à la modulation. Ne mets pas un si grand intérêt à savoir dans quelle mer l'Hydaspe (12) a son embouchure ; où les féroces Sarmates établissent leurs camps ; dans quelle contrée les Parthes, souvent sous de mauvais auspices, conduisirent aux Phrygiens leurs épaisses cohortes ? Que t'importe de quelle manière les Géants parvinrent à escalader le ciel ; comment les murs de Thèbes (13) s'élevèrent d'eux-mêmes aux doux sons de la flûte d'Amphion ; quelle fut l'origine de la superbe Carthage (14) ; combien de guerres déplorables aux sages, la fameuse Troye (15) avait souffertes avant d'être réduite en cendres par les Grecs ? Cesse toute question sur la cause de ces chaleurs qui calcinent le sol de l'Arménie, et de ces froids rigoureux qui rendent inhabitables les climats situés sous la grande Ourse. Que chacun s'occupe des matières qui lui sont dévolues ; quant à nous, remplissons la tâche que Vénus nous impose. Ainsi commence tes études par Amathonte et ses autels ; parcours les bois sacrés qui les environnent, ces bosquets qui font les délices de la déesse, où son fils aime tant à folâtrer ; reviens souvent, en déplorant leur sort, sur les derniers adieux de Sapho (16) à l'indifférent Phaon ; connaîs la mer où fut submergé l'infortuné Léandre (17) ; quels furent les feux dont brûlèrent mutuellement Pyrame et Thisbé ; par quels nœuds l'Amour lia Pâris et Hélène ; dans quelle contrée vécut la malheureuse Didon, et par quelle genre de mort elle termina sa carrière, toute émue des paroles de son fugitif amant. Parcours les beaux sites de Tempé, les délicieux vallons de Corynthe et prends plaisir a revenir ensuite, par mémoire, dans tous ces lieux charmants ; mais en même-temps, remarque combien les mœurs actuelles de ces villes diffèrent de celles d'autrefois, tant est grand le pouvoir destructeur du temps sur la scène du monde. Telle doit être ton étude, et telle est la suite des travaux qu'il te faut parcourir pour suivre agréablement la route qui s'ouvre devant toi. O ma belle ! capable comme tu l'es d'adoucir les cœurs les plus fiers, quels autres avantages convenables à ton âge peux-tu attendre des livres, que ceux-ci ? Oui, ce cours d'études que Vénus avoue, est le seul qui doive te plaire ; de lui seul te dériveront des moyens qui contribueront au bonheur de ta vie. Fie-toi aux assurances que je t'en donne, et que Cupidon t'ait sous sa garde.

---

(1) Cette savante Thébaine fut surnommée la Muse lyrique, parce qu'elle enleva cinq fois le prix des vers à Pindare, qui, si l'on en croit Plutarque, recevait ses avis. Un jour, que ce poète la consultait sur des vers où il avait prodigué les ornements de la fable, elle lui dit : « Semons nos grains avec la main, mais ne renversons pas le sac qui les contient ».

(2) Village de la Béotie, à côté du mont Hélicon, et la patrie du poète Hésiode.

(3) Ce poète était originaire de Colophon, quelques-uns disent de Smyrne. Suidas le place dans la trente-septième Olympiade. Il excellait sur la flûte ; il s'acquit même beaucoup de réputation en ce genre, en jouant un nome appelé *Cradias*, dont on se servait pendant les marches et les processions des victimes d'expiation. Il fut l'inventeur du vers pentamètre, qu'il allia si bien a l'hexamètre, qu'on le surnomma Ligiastade. Ce poète, comme plusieurs de ceux d'aujourd'hui parmi nous, avait fait la guerre dans les temps les plus orageux de la Grèce. Il aima une jolie fille nommée Nanno, et jouissant avec elle d'un doux loisir, il se livrait aux plaisirs de la table. En matière d'amour, ses vers valaient beaucoup mieux, au jugement de Properce, que toute la poésie d'Homère.

(4) Sophocle était de cette opinion, lorsqu'il dit dans son Antigone : « Tout homme qui renonce au plaisir, ne vit plus selon moi ; c'est seulement un cadavre animé. Quand il aurait les plus grands trésors et qu'il m'offrirait tout l'ap-

pareil d'un souverain, si la joie est bannie de chez lui, je ne donnerais pas l'ombre d'une fumée du reste, comparé à la douceur du plaisir. « A quoi bon, dit Anacréon, m'enseigner les préceptes des rétheurs et leurs invincibles argumen͏ts ? A quoi peuvent me servir tous ces discours qui ne sont bons à rien ? Enseignez-moi plutôt à boire de ce jus divin, et à folâtrer avec la belle Vénus. Ma tête est déjà couronnée de cheveux blancs ; garçon, donne-moi de l'eau, et mêles-y du vin pour endormir ma raison. Bientôt je ne serai plus, et tu m'enseveliras ; les morts n'ont plus de desirs ». « Pauvres mortels, dit Bion dans une de ses Idylles, nous n'avons qu'un court espace à vivre ; et quelle fureur nous porte donc à nous livrer à des travaux insensés ? Jusqu'à quand affligerons-nous nos ames par le vain travail des sciences ? Oublierons-nous toujours à quelle condition l'existence nous fut accordée ? »

(5) Philosophe stoïcien qui florissait à Alexandrie. Il a écrit divers traités sur la réthorique et la physique. Il ne faut point le confondre avec un satyrique dont parle Horace dans une de ses Épitres.

(6) Outre les arts d'agrément, dans lesquels les anciens Grecs instruisaient les jeunes personnes, ils leur donnaient encore des leçons sur le cours des astres et leurs différentes apparences. Avant Tyrtée, les systêmes du monde et les observations astronomiques occupaient ainsi les loisirs de la studieuse jeunesse. Mais les sept Sages de la Grèce ayant quitté d'aussi sublimes spéculations pour se livrer à la morale, les moyens d'éducation prirent une toute autre direction, ce qui fit dire à Cicéron, que ces sages avaient fait descendre la philosophie du ciel sur la terre. De nos jours, on est revenu à cette branche si intéressante de l'éducation, et la studieuse jeunesse, sous des maîtres distingués, puise encore en ce genre des notions qui ne peuvent que tourner à son avantage.

(7) Muse qui préside au genre tragique.

(8) Celle-ci était invoquée par ceux qui voulaient exceller dans l'art de la danse et dans celui de la cithare.

(9) Poète né à Cume et qui vécut au village d'Ascrée où ses parents, accablés de dettes, se

réfugièrent. Il est auteur d'un poème sur l'agriculture, d'où Virgile a beaucoup pris pour composer ses Géorgiques. Cet ouvrage, intitulé *les Œuvres* et *les Jours*, contient plusieurs préceptes de morale. Il était tellement apprécié chez les Grecs, qu'ils le faisaient apprendre par cœur à leurs enfants. Cet auteur, au dire de Pausanias, n'a vu aucun autre pays que celui où il fixa sa demeure, quoique cependant lui-même, dans ses poésies, dise avoir été en Eubée, en revenant de l'Aulide. Retiré sur l'Hélicon, il s'y prit d'amour pour Évia. Il essaya de dissiper l'ennui que lui occasionnèrent ses rigueurs, en composant des iambes, où il revenait souvent sur l'objet de ses premières amours. Hésiode est le père de la fable; c'est dans sa Théogonie que ses successeurs ont puisé toutes leurs fictions; opinion que Voltaire confirme lorsqu'il dit, en parlant de cet auteur :

Admirables tableaux! séduisante magie!
Qu'Hésiode me plaît dans sa Théogonie,
Quand il me peint l'Amour débrouillant le Chaos,
S'élançant dans les airs et planant sur les flots!

C'est dans cet ouvrage qu'on trouve tout ce qui est relatif aux amours du Ciel et de la Terre, de l'Érèbe et de la Nuit, de l'Océan et de sa nombreuse famille ; il le termine en disant quelque chose sur les feux dont quelques déesses brûlèrent pour les mortels.

(10) Muse qui préside au genre comique.

(11) Poète lyrique né à Théos, ville d'Ionie. Il déclare, dès sa première Ode, qu'il ne veut que chanter l'Amour. Il écrivit du temps de Pisistrate, tyran d'Athènes ; il étudia sous Pythagore et mourut, dit-on, pour avoir avalé un pépin de raisin, ce qui est difficile à croire, quand bien même ce corps étranger aurait passé dans la trachée-artére.

(12) Fleuve de la Perse, ainsi nommé d'Hydaspe, roi des Mèdes.

(13) Ville de Béotie, dans la Grèce. Elle fut bâtie par Cadmus.

(14) Ville célèbre de la Lybie, que Didon fit construire, ainsi qu'il est dit dans le quatrième livre de Virgile.

(15) Autre dans la Phrygie, à l'ouest de l'Asie mineure : Homère et Virgile l'ont rendue immortelle dans leurs vers.

(16) Fille savante qui inventa un genre de vers auquel on donna son nom ; elle se précipita du rocher de Leucate, désespérée de ne pouvoir se faire aimer de Phaon, jeune lesbien. Sa poésie la rendit célèbre : en effet, tout est animé sous son pinceau ; c'est la rose qu'elle nous présente avec ses nuances les plus riantes, est-il dit dans les anciennes Scolies sur Apollonius de Rhodes ; c'est l'étoile avant-courière du jour, qui nous apporte tous les charmes que répand la fraîche Aurore ; c'est l'Aurore, elle-même, plus attrayante dans les climats chauds de la Grèce que dans nos froides contrées. Avec quelle grace cette divine Muse chante le rossignol, messager délicieux du printemps ! Comme elle peint les brillantes étoiles obligées de sauver leur éclat devant le disque lumineux de la lune, quand, dans son plein, celle-ci enchante encore le monde pendant l'absence du soleil ?

(17) La mer dont il s'agit, est l'Hellespont. Héro était prêtresse de Vénus, dans un temple de Sestos, ville située sur le bord de la mer du côté de l'Europe. Léandre, de la ville d'Abydos, du côté de l'Asie, l'ayant vue à une fête de la déesse, en devint amoureux, s'en fit aimer,

et passait la nuit un trajet de mer de neuf cents pas, pour jouir des charmes de sa maîtresse. Aprés plusieurs entrevues, la mer devint orageuse, et sept jours s'étant passés sans que le calme revînt, l'amant impatient se hasarda au voyage; mais, manquant de force pour aborder, il périt, et les vagues jetèrent son corps au pied de la tour, du haut de laquelle, sur les médailles antiques, est représentée Héro, avec un flambeau allumé pour diriger sa route.

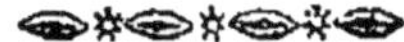

LA PARTIE.

Oui, Zoroas, il est décidé que nous irons avant les Thargéliennes (1), à Trogilium (2), lieu si délicieux par la beauté de ses côteaux, et dont les eaux sont si recommandables à ceux qui viènent y chercher la santé. Ma mère, toujours languissante, y séjournera peut-être pour tenter l'efficacité que pourraient avoir sur elle leur usage; le voisinage de la mer, les jeux, la société, tout lui annonce un changement dans son état, qui ne peut que lui être favorable. Mais, quoique la campagne me promette aussi quelqu'agrément, et que les jeux et les plaisirs ne puissent m'y manquer, il restera un vuide dans mon ame, privée comme je le serai, de ces savantes leçons que je reçois avec ce zèle qui me les rend si utiles. Viens donc, et comble mes voeux en te mettant du voyage ; viens, condescends à ma prière dans l'espérance des plaisirs qui nous y attendent ! Si les chants rustiques de Pan ont sur toi quelque pouvoir, et qu'ils ne te déplaisent point ces sons et ces jeux qui font les délices des divinités champêtres, viens au plus vîte. J'ai déjà touché à ma mère quelque chose sur ce point ; elle ne met aucun obstacle à ce que tu nous accompagnes par mer. Toujours occupée de ce qui peut contribuer à ma louange et m'entretenir dans la même activité d'étude, elle a répondu à cet égard favorablement à ma demande. Ainsi, te conformant à ce que je t'annonce, hâte-toi de venir partager nos hasards, et sois sûr que les agréments ne manqueront point à notre voyage. Je ne puis refuser mon estime au mérite de ceux qui se sont attiré ma haîne ; juge de là si ton sort sera heureux.

---

(1) Fêtes qui se célébraient en l'honneur d'Apollon et de Diane, au mois de mai. On y expiait, dit Noël, tous les crimes du peuple par un crime plus grand ; c'est-à-dire, par le sacrifice barbare de deux hommes ou d'un homme et d'une femme, qu'on engraissait auparavant. Pendant la marche, on les frappait avec des branches de figuier sauvage et l'on jouait l'air de flûte appelé *Cradias* ; enfin, on brûlait les victimes et on en jetait les cendres dans la mer. La savante et polie Athènes fut la première à se distinguer dans cet infâme culte.

(2) Promontoire à l'Ouest du mont Mycale, près de Milet. Il a reçu sa dénomination des trois isles Trogilies, qui font groupe près de lui. Ce lieu, dont la situation offrait tous les charmes qui peuvent récréer la vue, était très-fréquenté pour les parties de plaisir.

L'ACQUIESCEMENT.

Je te suivrai, Pancharis, ne voulant désormais apporter aucun empêchement aux voeux que tu pourrais former. Oui, je te suivrai, ô ma belle, sous les auspices de qui le voyage ne peut que m'être agréable. La campagne a toujours pour moi un nouveau charme (1). Ah ! puissé-je y trouver les moyens de chasser les peines qui m'accablent ! Quelle ample moisson de connaissances les champs vont bientôt nous offrir ! c'est là que la belle nature, nous étalant avec prodigalité ses richesses, nous fournira nombre de preuves qui attestent la majesté d'un génie créateur, dont le pouvoir est sans borne. Nous y chercherons ces routes cachées au vulgaire, les secrets que cette mère féconde découvre aux observateurs qui savent l'étudier, et, nous enfonçant dans ses réduits les plus obscurs, nous y admirerons çà et là les divers produits de son étonnante industrie. Mais, parmi les livres qui seront du voyage, gardons-nous d'oublier aucun de ceux dont nous avons tout à espérer pour chasser l'ennui qui pourrait nous venir. Ainsi, que Zénon, Platon, Leucippe (2) et Cratès (3) restent à la ville; car dans cette partie d'agrément, il ne faut point nous occuper de trop profondes spéculations, quel que soit le plaisir que t'ait déjà fait éprouver leur nouveauté. Nous donnerons nos loisirs aux jeux, à la danse, et le plus souvent aux chants qui auront fixé davantage notre attention. Au lever de la brillante Aurore, j'irai te cueillir au parterre le costus, le lis et la rose qui, entr'ouverts, exhaleront l'odeur la plus suave, et les semant ensuite sur ta couche, je ferai fuir le sommeil de tes paupières par plusieurs de ces baisers dont tes joues naguères reçurent une si belle couleur. Lorsque de légers aliments auront chassé la faim du matin, couchés près la source d'une eau paisiblement coulante, nous considérerons les opérations de la nature ; et alors, épris de son luxe, je prendrai plaisir à te développer les merveilles cachées dans son vaste sein. Quand le soleil, parvenu au milieu de sa course, rendra notre ombre aussi petite qu'elle peut l'être, assise à l'écart, sous la voûte d'un rocher avancé, tu passeras d'agréables moments sous la tutèle de l'Amour, lorsque je te lirai les doux vers de Philétas (4), qui acquirent à Battis quelque célébrité chez les Egyptiens. Le soir amènera la récréation aux travaux de la journée, et ainsi, la cithare, les chants, les jeux, avec leurs agréables compagnes les ruses, rempliront suffisamment nos loisirs. Souvent, relevant ta robe, tu te mêleras avec tes amies pour commencer une danse dont je guiderai la mesure par mes chants. Les écrits du bon Anacréon qui chanta si bien les amours sur sa lyre, ces morceaux intéressants que choisit tout amant qui cherche, par la lecture, à donner une nouvelle ardeur à ses feux, et ces badinages qui contribuent tant à enflammer un cœur nouvellement blessé, fourniront autant d'aliments propres à nourrir notre flamme. Je donne donc un plein acquiescement à ta demande; mais que Cupidon soit du voyage, car, à la campagne, nul plaisir pour moi sans lui. Zéphyrs favorables aux amours, accourez vers nous, et rendez les ondes obéissantes à l'esquif qui va nous recevoir, pour qu'il ne s'égare point parmi les écueils.

---

(1) « Ce n'est qu'au village, écrivait Juste Lipse, que les éléments, contraints dans les cités orgueilleuses, déploient sans mesure leurs forces. Le soleil, pour leurs habitants, est plus beau, l'air plus pur, l'onde plus limpide, la terre plus riante. Oui, la terre libérale plus variée pour eux, leur offre tantôt des plaines majestueuses, tantôt, par une pente douce, elle se

relève en colline. Là, elle s'élance brusquement en une montagne à pic; ici, elle se pare de verdure et d'arbustes. Plus loin, elle nous présente une riche moisson; ailleurs, c'est un bois sombre qu'elle découvre. Quelle ame ne serait pas touchée des divers aspects et de toutes ces formes que développe sans cesse à nos regards la bonne nature, cette mère commune des choses? Dans nos villes, tout est manièré comme nous; ici, la scène change à chaque instant. A peine le jour se peint-il de la pourpre de l'Aurore, que nous trouvons dans nos parterres un essaim de fleurs nouvelles qui n'existaient pas la veille, et qu'une seule nuit a fait éclore. Au printemps, nous voyons dans nos prés la gelée blanche se fondre et disparaître au premier rayon du soleil, pour nous montrer l'émail de mille couleurs. En automne, que de richesses délicieuses et variées! et le mariage des arbres, leurs amours furtifs, les beaux fruits qui en proviènent! O doux embrassements, agréable fécondité, qu'on est heureux quand on va vous surprendre dans les vergers! En vous voyant à côté de ce qu'on aime, comme l'on sent doucement palpiter son cœur!» Ayant parlé de tous les agréments qu'une ferme offre, il continue: « Ce grand spectacle qui retrace aux yeux, non de frivoles ornements; mais les choses de première nécessité, ô Breugel! les connaissez-vous à cette cour où vous m'appelez. Hélas! vous n'en avez que de faibles représentations sur vos murs et autour de vos lambris dorés. Mais la nature se venge, et ne pouvant avoir nos riches jouissances, vous achetez au poids de l'or leur ombre, que vous vend Rubens. Vous n'êtes que des exilés dans le plus beau des mondes possibles, et vous ne connaissez point le vrai bonheur dont vous pouriez jouir! ».

(2) Philosophe dont Cicéron parle dans le quatrième livre de ses Tusculanes. Il était disciple de Zénon, suivant l'opinion la plus commune. Ce fut lui qui inventa le fameux système des atômes et du vuide, que Démocrite et le bon Épicure développèrent par la suite tellement, que beaucoup de philosophes en devinrent les partisans. On pense même que l'hypothèse des tourbillons de Descartes a été prise de lui. Il disait que tout dans la nature était le résultat du plein et du vuide.

(3) Autre philosophe de Thèbes, en Béotie.

Il fut disciple de Diogène ; il recommandait de fuir les plaisirs, ne cessait de parler contre la corruption de son siècle et les passions. Il ne connut jamais la vengeance, et consacra sa vie à la recherche de la vérité et au bonheur des hommes. On lui attribue ce tarif de dépense assez plaisant : « Il faut donner à un cuisinier dix mines, à un médecin une drachme, à un flatteur cinq talents, de la fumée à un homme à conseils, un talent à une courtisane, et tois oboles à un philosophe. »

(4) Poëte né en l'isle de Cos, contemporain de Philippe et d'Alexandre le grand. Il vivait à la cour de Ptolomée Philadelphe. Il publia plusieurs Élégies qui lui acquirent une grande réputation, et dont l'aimable Battis fut l'objet. Elles lui valurent une statue de bronze, où il était représenté chantant, sous un platane, cette belle qu'il avait tendrement aimée. Properce parle avec éloge de ce poëte ; Athénée dit qu'il était d'une stature si légère, qu'il s'attachait des lames de plomb aux pieds pour n'être pas enlevé par le vent.

LA GUERRE.

Déja l'hiver s'éloigne et entraîne avec lui les épais frimas. L'air, embaumé par les odeurs les plus suaves, s'est attiédi sous l'haleine des doux zéphyrs. Le soleil, plus animé, commence à dorer les sommets nuageux du Tmole (1), et les neiges amoncelées se fondent sur les collines exposées aux regards de cet astre qui échauffe la terre. Le Caystre (2), gonflé par de nouvelles eaux, tombe dans la vallée avec un fracas qui inspire l'effroi, et entraînant jusqu'aux rochers qu'il a arrachés, il forme dans sa chûte une vapeur qui s'élève en un nuage épais. Le vent d'Afrique, celui du Nord et leurs compagnes, les tempêtes bruyantes, fuyent avec vîtesse vers le pôle de l'Ourse. La nature sort insensiblement de son sommeil, toute glorieuse de sa brillante parure. Le Printemps renaît, la terre exhale ses parfums, et le vent du Midi ramenant une douce chaleur, chaque plante développe la beauté de son feuillage, et chaque fleur la variété de ses couleurs. Çà et là les germes brisent les enveloppes de leurs semences, et les plus doux enfants d'Éole sont les seuls qui parcourent les campagnes, caressant le blé qui paraît à peine. Je te salue, ô Mai, qui retentis de toute part du chant varié des habitants des airs, mois si agréable aux vierges qui récemment brûlent des feux de l'Amour! C'est pour toi que descendent les nuages épais qui se fondent en pluies fécondes; les ruisseaux, pour toi, serpentent dans les prairies avec une pompe plus majestueuse. Déjà, les Grâces ayant entouré leurs têtes d'un myrte flexible, s'entremêlent pour disposer leurs pas selon les régles de la mesure. La déesse des mers, portée sur une conque légère à laquelle sont attelés de folâtres dauphins, quitte l'onde sillonnée que le calme applanit. Elle appèle au lever du soleil, les lascives Néréides, pour former des danses avec les Faunes qui sont sortis de leurs retraites. Les Thyades (3), moins cruelles, brandissent leurs thyrses, et convoquent les Satyres (4) en criant *Évohé* de toute leur force. Un feu secret s'insinue chez tous les êtres; il nourrit les cœurs, les consume, et invite à des chants d'allégresse tout amant qui était dans le silence. Flore, plus joyeuse par son influence, parcourt les campagnes, occupée de ce qu'elles pourront fournir à sa parure. Déjà elle est incertaine sur celles dont elle savourera les parfums, et celles qui, épanouies, conviendront mieux à sa blonde chevelure. Une vie nouvelle pour tous, réveille des feux cachés, et rappèle sous l'empire de Vénus tout être qui respire (5). Cette lascive déesse excite, amollit, énerve même les cœurs les plus rebelles, et ses lois puissantes annullent tout obstacle que lui oppose l'indifférence. Mais, pendant que l'agréable Volupté anime les cœurs les plus froids, et que par-tout l'Amour secoue son flambeau, pendant que le pasteur chante par les champs ses heureuses chaînes, et qu'il va déposer son encens sur les autels d'Idalie, quel est ce cri de terreur, ce bruit effrayant des trompettes ? Quelles cruelles destinées amène avec elle une scène si différente ! Mars furieux accourt avec audace, il agite ses armes d'une main toute sanglante, et lorsque la terre donne en tout lieu des germes de vie, il court çà et là, y répandant des semences de mort. Puissant dieu de la guerre, quelle est cette inique ardeur qui t'agite ? où guides-tu tes coursiers enflammés (6) ? Porte tes armes plus loin, où t'appèle la Discorde cruelle, et ne viens point ici souiller nos paisibles demeures. Le repos y trouve un asyle ; l'habitant pauvre y méconnaît les querelles dont sont tourmentés les grands. Eloigne-toi de ce lieu d'innocence. O insatiable cupidité des rois et des potentats ! toi qui occasionnes tant de maux aux habitants de la terre, et qui fais périr avant leur temps des essaims de victimes innocentes, fatiguée de tant de maux, retiens enfin tes mains meurtrières. Hélas ! que de menaces, que de morts anticipées nous prépare le dieu des combats, du moment qu'il devance ses foudroyants bataillons ! Si tu les ignores, ma chère, le sang n'en coule pas moins en flots écumeux sur le champ de bataille. Les charmes de l'Amour ne peuvent rien alors sur ce guerrier audacieux. Elles ont disparu ces consolations que la jeunesse trouvait dans les jeux qui remplissaient précédemment ses loisirs. On ne voit plus Aréthuse, Charis et Pholoé jouer ensemble au milieu des campagnes; les Euménides les remplacent, hurlant de toute part et portant par-tout le carnage. Le feu, le viol, la rapine, également déchaînés, aident la mort à moissonner les victimes qui diffèrent à se ranger sous son pouvoir; et comme si l'espace manquait sur la terre à leur fureur, les hommes, si cruels à eux-mêmes, vont jusque sur la mer pour y trouver une fin plus certaine. O Bonne-Foi, et vous Religion de mes aïeux, combien votre pouvoir chancèle, lorsque Mars guide ainsi ses ardentes phalanges! Dieu de l'Olympe, écoute dans ta clémence nos prières; chasse au loin ces cohortes répandues sur toutes nos campagnes! Que la rouille ternisse de nouveau l'éclat des armes, et que les grands mettent un frein à leur barbare insatiabilité! Reviens vers nous, tranquille Paix, reviens le front ceint d'un laurier desiré; oui, reviens enrichie de tous les charmes de l'abondance, et laisse échapper de ton sein tous les produits de l'industrie (6)! Que le voyageur, sur terre comme sûr mer, puisse paisiblement continuer sa route, et que le laboureur retourne à la charue, qu'il avait abandonnée depuis si longtemps! Fais que nos jours coulent dans toute leur sérénité et qu'aucun nuage ne les attriste de son ombre ; car, hélas ! les champs, privés de leurs cultivateurs, n'ont que trop été abandonnés, et il est temps qu'une brillante moisson pare les sillons où croissait l'ivraie. O Apollon (7) ! toi qui présides aux présages, les épaules couvertes d'un lin couleur de pourpre, accours à nous, lorsque ma voix t'implore (8) ! Que les flèches des Perses, n'appelant plus à la vengeance les haches des Romains, Diane, la robe relevée jusqu'à la ceinture, ramène enfin ses compagnes dans nos riantes prairies.

---

(1) Aujourd'hui Bouz-Dag, ou montagnes froides. Ces montagnes sont au milieu de la Lydie ; c'est d'elles que le Pactole prend sa source. Leurs côteaux sont renommés pour le safran et les vignes qui y croissent.

(2) Fleuve qui prend sa source du voisinage du Tmole, sépare la Lydie de l'Ionie, et traversant Éphèse, se jète dans la mer Icarienne. Il

était célèbre, chez les poètes, par les nombreux cignes qui fréquentaient ses bords.

(3) Femmes de l'Attique, ainsi dénommées du verbe grec *thuein*, être en furie. Elles allaient au Parnasse tous les ans au printemps, pour y célébrer les Orgies ou mystères en l'honneur de Bacchus. Elles dansaient en chemin, au dire de Pausanias, une sorte de ronde assez semblable à un branle.

(4) Il y a dans l'original *Sylvani*, que nous rendons par le mot satyres. On désigne par ce terme, en mythologie, des divinités qui font leur séjour dans les forêts, ainsi que l'étymologie l'indique. On les représente sous la forme de petits hommes, dont les reins et le reste du corps se terminaient comme les parties postérieures des boucs. Ils avaient de grandes oreilles et deux petites cornes au front. St-Jérôme dit en avoir vu dans un désert : *Quandoque bonus dormitat Homerus.* Pline est plus croyable, lorsqu'il les rapporte à la classe des singes.

(5) C'est au printemps que cette déesse paraît dans toute sa gloire. Souveraine de l'univers, elle

dicte ses lois du haut d'un trône que Flore s'est plue à embellir. L'Amour, au regard malin, voltigeant près d'elle, s'apprête à exécuter ses ordres. Les Graces, mollement enlâcées, forment autour des danses voluptueuses que répètent les Nymphes, en se tenant avec des guirlandes de roses nouvellement cueillies dans les bosquets voisins. A peine leur pied est-il levé, que la marguerite paraît sur l'herbe qui en fut pressée. Pendant que les jeux se répètent, la prairie s'émaille de fleurs ; l'air pur se charge des odeurs les plus suaves ; les bocages se parent de leurs verdoyantes chevelures et retentissent du chant varié des oiseaux. Les muets habitants des eaux expriment, par la promptitude de leurs mouvements, les vifs sentiments qu'ils éprouvent, et les troupeaux, par leur mugissement, les feux dont ils brûlent.

(6) Il y a dans l'original, *ignivomos*, que nous avons cru devoir rendre par le terme *enflammés*. Telle est l'épithète qu'Homère donne aux chevaux de Mars, dans son hymne sublime à ce dieu.

(7) Bacchylide, qui fleurissait en Grèce dans la quatre-vingt-unième Olympiade, dit, en par-

lant de la paix, cette faveur précieuse que les dieux accordent aux hommes après les convulsions de la guerre : « Par elle, les jeunes guerriers ne sont plus armés que de cestes, ils reprènent les exercices du gymnase, leurs doux flageolets, leurs innocentes amours. Les oreilles ne sont plus effrayées du bruit menaçant des clairons ; le sommeil, plus doux que le miel, n'est plus arraché de nos paupières, il renaît pour enchanter nos ames par des rêves délicieux ! On recommence par-tout les agréables festins si long-temps interrompus, et les hymnes d'amour retentissent dans nos villes joyeuses ».

(7) Ce dieu, fils de Jupiter et de Latone, naquit dans l'isle de Délos. Les poètes lui attribuent l'invention de la musique, de la poésie, de la médecine et des oracles. Il avait des autels dans nombre de villes de la Grèce, d'où lui vinrent toutes ses dénominations qu'il perdait dans les cieux, où il était connu sous le nom de Phébus. « C'était, dit l'auteur des Fêtes de la Nature, le plus parfait des dieux. Ses formes brillantes étincelaient comme l'éclat naissant des beaux jours qu'il dispense. Il s'arme tour-à-tour de la lyre harmonieuse ou d'un arc terrible. Tantôt il

préside au milieu du chœur des Muses, qui répètent ses chants immortels; tantôt il s'élance dans les cieux, sur un char enflammé et traîné par quatre coursiers qui font un pas et touchent aux bornes du monde. Les Heures font un cercle autour de lui et l'accompagnent en dansant. L'Aurore le précède en répandant des larmes de rose. Phébé le suit en marchant d'un pas inégal : pâle souveraine des nuits, elle verse, à mesure qu'elle avance, la mélancolie et le demi-jour de la rêverie, sur la nature qui repose en silence ». On peut voir dans la belle hymne que composa Homère en l'honneur de ce dieu, tout ce que la Théogonie d'alors avait imaginé sur lui.

(8) Ce passage a trait aux sciences, aux lettres et aux arts, qu'on oublie en temps de guerre pour ne s'occuper que du danger commun ; mais quand la paix est revenue, comme l'observe Properce :

. . . . . . Citharam jam poscit Apollo
Victor et ad placidos exuit arma choros.

Toutes les idées de philantropie qu'offre ce morceau, sont bien opposées à celles de Juste Lipse, qui dit, dans son Traité de la Constance, en considérant la chose en philosophe : «Le jardinier, par une sage économie, abat et coupe des rameaux pour transplanter ou greffer d'autres arbustes plus dignes de son verger. Dieu moissonne de même dans le spacieux champ de ce monde, il arrache les espèces qui s'abâtardisent; il émonde quelques peuplades d'hommes et quelques races parasites de rois ; ce ne sont pour lui que des pousses superflues qu'il fait tomber pour le bien des branches. Pourquoi, lorsqu'une nation se dessèche et que, par stérilité, elle ne produit plus de vertus, la laisserait-il végéter, et lui permettrait-il de dévorer gratuitemeut la substance de la terre ? Les ruines d'un peuple qui finit, sont fécondes comme les cendres du phénix, il en sort une espèce plus vigoureuse. Les cités ne tombent que pour faire place à d'autres : rien ne meurt ni ne se perd dans la nature, mais tout y change ».

LES MÉLANGES.

Que l'infernale Alecto donne des aîles à ces flottes épaisses qui vont porter le carnage sur ces mers courroucées, si renommées en naufrages; que la soif de l'or, pendant que la paix assure le chemin, force le voyageur à livrer ses voiles aux vents favorables qu'il attend; quant à nous, jouissant d'un plus grand calme, actuellement qu'au soleil levant les ondes de la mer, mollement déroulées, viènent mouiller nos pieds sur ce rivage, admirons ces richesses qui s'offrent par-tout à nos regards. Ah! combien en est-il encore, qui, se dérobant à nos recherches, n'en mériteraient pas moins notre attention si elles nous étaient connues? Ainsi, que celles qui flottent dans les plaines de l'air, que recèlent le cristal des eaux et les entrailles de la terre, soit qu'élles soient de nature à frapper nos sens ou non, viènent étaler à nos yeux leur magnificence. O Muse, qui voulus bien naguères m'accorder quelques faveurs, ne me refuse point le secours qui m'est nécessaire au moment où je me hasarde dans des routes les plus obscures ! Eclaire-moi sur l'origine des choses qu'on ne saurait trop connaître ; et pour que mon langage ne soit point inférieur à mon sujet, revêts mes pensées d'un caractère qui réponde au génie de Linus (1) ! Et toi, Pancharis, prête-moi une oreille aussi attentive que le demande une matière qui te prouvera l'existence d'une puissance suprême, d'où dérivent toutes les merveilles de la création !

On dit que les êtres sont doués de la vie dès que leurs organes, excités par une force nouvelle qui les meut, exercent spontanément divers mouvements, selon la différence de leurs espèces ; d'où dérive pour chacun le mode de vie qui lui est le plus convenable. La matière s'atténue au-dedans des machines organisées, pour en former les ressorts, et, parvenue au point d'affinement nécessaire, elle s'insinue dans les plus petits pores de leur fibre. La terre, plus divisée par le feu et l'eau qui ont pénétré chaque molécule, devient bientôt le principe de tout ce qui naît (2). Telle est l'origine des moisissures, qui, ouvrages du matin, périssent à la chûte du jour : ainsi naissent les conferves (3) et les champignons. C'est dans ces premiers essais que la nature se rend compte de ses forces, et qu'elle voit si son travail lui réussira ou non. La putréfaction de cette première lignée est toujours un moyen de naissance pour une autre, dont les campagnes humides tirent leur plus bel éclat, soit que celle-ci rampe sur la terre sous la forme d'un verd gazon, ou que, s'élançant dans les airs comme les arbres les plus élevés, elle y étend de toute part ses bras vigoureux. Ici se rapportent les fleurs, quelle que soit la variété de leur couleur, de leur odeur, et les diverses apparences de leur feuillage. Cette puissance génératrice, excitée par la chaleur qui pénètre toutes les semences, est actuellement dans toute sa force dans les campagnes. L'air, riche de nouvelles émanations, les répand çà et là; et, plus embaumé qu'auparavant, il appèle à la germination les embryons qui sont épars. La terre se renouvèle au retour du Printemps, et la chaleur mettant alors tous les ressorts en action, la nature sourit sous le plus bel aspect. Vois-tu ces corps légers qui voltigent dans l'espace (4)? ce sont autant de germes qui, cachés sous de grossières enveloppes, doivent un jour prendre racine, et fructifier dans nos guérets. On a dit, et nos poètes se sont plus à le répéter, que Zéphyr et Flore avaient résolu de vivre ensemble sous les douces lois de l'Hyménée. O tendre père! redouble tes affections pour des enfants qui sont encore à développer ! porte-les dans des lieux où ils soient à l'abri des vents trop violents ! Là, convenablement échauffés par un soleil bienfaisant, ils y trouveront une meilleure nourriture, et la vie commencera pour chacun sous les plus favorables auspices. Ce soin est celui d'un bon père ; il fixera une famille errante, en la faisant jouir des douceurs d'un repos dont elle ignore le prix. Mais, puisque je me suis si avancé sur cette mer inconnue, et que déjà je vogue, pour ainsi dire, à pleines voiles, il convient que je dirige ma route vers ces rives éloignées qui peuvent nous offrir des choses dont on n'a point encore parlé. La nature, dans la création, passe insensiblement des plantes aux corps d'une structure plus compliquée, tels que sont les êtres composés de fibres et de sucs à mouvoir dans des canaux qui leur sont propres, quoiqu'assez simples encore dans leur texture. Une terre hospitalière en nourrit et conserve beaucoup en son sein ; ils vivent d'après des lois qui leur sont annexées, et prènent des accroissements par des forces qui n'ont aucun rapport avec celles qui sont propres à d'autres. Combien n'en voit-on pas qui parcourent les ondes de la mer pendant que l'eau est ainsi frappée obliquement par les doux rayons du soleil levant ? Ces masses de rochers en recèlent d'infiniment petits ; il en est nombre d'autres sous ces algues qui te les cachent. Ainsi Neptune a pour vassaux les coquillages, les poissons, les phoques, les mollusques, les scolopendres et les loups marins. Autant il en nage au milieu des eaux, autant il en rampe sous terre, qui ne doivent jamais voir le jour. Les plantes, et même les pierres, ont leurs animaux particuliers (5), tant est étendu leur domaine, soit que d'une aîle rapide ils fendent l'air, ou que fixes ils restent cachés dans le limon. De quel étonnement n'est point frappé le philosophe, quand, appréciant les merveilles de la nature, il considère les diverses faces qui en varient le tableau, et que son attention, s'arrêtant à cette nombreuse suite de formes toujours les mêmes, il ne voit aucun changement dans le bel ordre de l'univers! Tout animal vit d'après un systême de lois qui dérivent de son organisation; et ayant ainsi tout ce qui lui convient, il ne desire point un autre ordre qui pourrait changer son sort. Ceci n'a rien d'étonnant, et tu en trouveras la cause dans la structure intime des divers organes qui en établissent la forme. C'est à cette structure qu'il faut rapporter l'industrie de l'abeille, la prévoyance de la fourmi, et les ruses usitées parmi les animaux des forêts pour se procurer de quoi vivre. Sans elle on ne peut se rendre raison de ces nids que suspend au sommet des arbres le peuple aîlé des airs, les piéges que les poissons se tendent au milieu des eaux, pour assouvir leur faim aux dépens de leurs propres espèces.

Chaque individu a sagement été pourvu de l'instinct qui le porte à chercher sa nourriture. Celui-ci, fixé sur un bas-fond, attend paisiblement qu'elle s'offre à lui; celui-là, d'une manière cachée ou à découvert, parcourt différentes routes, et cherche son aliment au milieu de la verdure qui pare les campagnes, pendant qu'un plus grand nombre, plus audacieux, se menacent, et se portent des coups les plus violents. Il en est qui, de leurs nageoires agiles, fendent les hautes mers, et se jètent sur ceux que leur approche épouvante. Ainsi les mers, les fleuves, et les plaines de l'air ont leurs voyageurs. Eh! combien la terre n'en cache-t-elle pas dans ses profondeurs? Ils parcourent hardiment toutes les routes et s'exposent à tous les hasards, dans l'espérance du butin qu'ils cherchent. Regarde au loin ce nautile (6) qui s'efforce d'avancer : nautonnier intrépide, il ne trouve aucun obstacle à son ardeur. Les hasards d'une mer en fureur ne diminuent en rien son ardeur ; il ne semble même qu'en donner plus de voiles à son esquif. Il fend les ondes, lutte contre les vents avec plus de courage, et montre au pilote sans expérience comment il doit se comporter en pareil cas. Un autre soin de la nature pour perpétuer les beautés de l'univers avec les espèces animées qui le vivifient, fut d'entretenir en elle un foyer duquel chacune reçût des principes de vie, et amenât à l'existence celles qui étaient cachées dans l'obscurité du néant. Ici, pour peu que l'on considère les caractères propres à chaque individu, va s'ouvrir un vaste champ qui nous promet les plus belles récoltes. Mais quelle est cette nouvelle ardeur, qui, malgré la conviction où je suis de mes faibles moyens, m'entraîne ainsi dans un nouveau champ? O Apollon ! puisque tu souris à mon entreprise, daigne aussi me donner une nouvelle force ; éclaire mon génie de manière que je puisse découvrir tout ce qui est caché dans le sanctuaire de l'animalité! Beaucoup, ainsi qu'on l'observe dans les surgeons des végétaux, ont dans leurs fibres humides des germes qui doivent s'épanouir en une race nouvelle : les petits se séparent de leur mère, et naissent ainsi sans le secours d'aucun père. Ici se rapportent les gelées, les mollusques, et tous les zoophytes de l'océan qui semblent n'offrir aucun indice du caractère animal. On doit également citer les animaux ovipares, ainsi nommés parce que chaque individu de cette classe rend toujours son embryon renfermé dans un œuf, dont le têt est plus ou moins dur. Le petit, au dedans, est échauffé par la chaleur du soleil ou celle de la mère, jusqu'à ce que ses forces étant suffisantes, il s'ouvre enfin une sortie. C'est à cet ordre qu'il faut rapporter les oiseaux, les insectes, les serpents et les nombreuses populations de l'Atlantique. Ce coup-d'œil sur la création, manifeste un auteur dont la puissance est bien grande;

mais le complément de la preuve en est dans l'ordre qui règne parmi chaque espèce. Comme sa sagesse se manifeste d'une manière évidente à celui qui considère les avantages dont il a doué l'homme! Il l'a formé unique en son genre, pour qu'on vît en lui tous les indices qui constatent sa suprême intelligence. Quelle beauté, quelle candeur dans son maintien! que de graces dans l'ensemble animé de ses traits! quelle excellence dans son jugement! combien sont multipliées les sources d'où sa vie dérive! quelle force chaque organe reçoit du foyer qui l'anime! que de nombreuses et surprenantes opérations tous ne remplissent-ils pas du moment que la vie commence dans les plus petits vaisseaux! Toutes ces actions se continuent jusqu'au moment où les parties qui les exécutent, fatiguées par leur continuité, se refusent à les recommencer. Mais pendant que ton attention est toute entière à ces merveilles, d'autres m'appèlent ailleurs qui ont encore plus de quoi te surprendre. A peine les idées sont-elles développées, que d'elles se forme le raisonnement qui détermine à l'action. L'homme alors cherche à leur donner du corps, quelque variées qu'elles soient dans leurs espèces. Ainsi, le produit de l'imagination se revêt des apparences de la réalité; les perceptions acquièrent une nouvelle force, et ce qui naguères était enséveli dans les ombres du chaos, vit déjà et se soutient de lui-même. O génie de l'homme, dont la nature céleste est si bien prouvée par ces étonnantes opérations! combien de talents utiles cachés en toi n'as-tu pas ainsi manifestés à l'univers, et combien en est-il d'autres qui, inconnus aujourd'hui, éclôront dans les temps à venir? témoins les inventions dues au génie fécond de Palamède (7), qui fut et qui est encore l'honneur de la Grèce en fait de découvertes. L'homme veut, et aussitôt, du fond de la terre, s'élèvent des palais magnifiques où vit le marbre, où respire l'ivoire (8). Il se fait une maison flottante, qui, à travers mille écueils, parcourt, à l'aide des vents, les mers les plus orageuses. Il veut; les montagnes deviènent des plaines où croît le froment; et celles-ci, près de la mer, s'élevant en montagnes, lui servent de remparts qui le préservent du courroux des flots pendant qu'il dort dans sa chaumière, et souvent sous les eaux. Il cherche à se faire un chemin sur les monts les plus élevés, et déjà ceux-ci reçoivent un pont qui rend praticable leur sommet audacieux. Ah! il naîtra, cet autre Icare, qui, se confiant encore à des aîles ou autres moyens factices, parcourra les voûtes célestes; et l'oiseau de Jupiter, admirant son courage, craindra sérieusement pour son domaine (9). Il viendra aussi un temps, et peut-être n'est-il pas loin, où un second Prométhée (10), osant braver l'Olympe, ira enlever la foudre des mains du souverain des dieux qui la lance; et nos neyeux verront les feux obéissants étinceler sur terre, et se perdre en fuyant au loin dans l'espace. O Nature! que les ornements de ton temple sont précieux! mais combien ton sanctuaire en cache-t-il de plus brillants!

---

(1) Linus, le premier des poètes hymnographes, eut, dit-on, Apollon pour père. Il naquit à Thèbes, et selon quelques-uns, à Chalcis. A l'âge de raison, il alla en Égypte pour y puiser les sublimes principes de la bonne morale et de la plus pure religion, comme y allèrent depuis les Orphée, les Solon, les Licurgue, les Platon et autres précepteurs du genre humain. De retour en Grèce, il mourut d'un coup de lyre que lui donna Hercule, pour avoir contrefait la mauvaise grace que ce héros avait en jouant de cet instrument. Ce poète chanta toutes les merveilles de la nature, l'origine du monde, la génération des êtres, l'harmonie des astres et le travail caché de la végétation. Rien de ce qu'il a dit sur ces différents objets ne nous est parvenu; voyez à ce sujet Plutarque et Diodore de Sicile.

(2) Cette assertion est conforme à l'ontogénie des anciens, qui exprimèrent les prodiges de la végétation et tous les admirables effets de la chaleur et de l'humidité nécessaires à la production des fruits de la terre, par l'emblême de l'union du Soleil avec Vénus, ou du Ciel avec la Terre. Euripide dit à ce sujet : « La Terre soupire après la pluie, lorsque les campagnes desséchées languissent, en attendant une humeur vivifiante qui les ranime. Le Ciel, chargé d'une pluie salutaire, attiré par les charmes de Vénus, tend à se rapprocher de la Terre : ses desirs s'accomplissent, l'Air et la Terre se réunissent et forment ensemble un principe fécond qui produit et conserve toutes les substances utiles à l'entretien et à la nourriture des hommes ». Cette doctrine a également été développée dans le chœur des Danaïdes d'Eschyle et d'Anacréon.

(3) Plantes formées de filets verds comme capilaires ; de leur entrelacement résulte une espèce de tissu assez semblable à une toile d'araignée, qui surnage sur les eaux dormantes, soutenu par nombre de bulles d'air qui lui sont entremêlées. Les botanistes rangent cette plante dans la famille des Byssus.

(4) Ce passage a rapport aux plantes flosculeuses et semi-flosculeuses qui ont des graines garnies d'une aigrette, comme le pissenlit, la chicorée, le salsifis et autres. Ces graines devenues ainsi plus légères, sont emportées au loin par le moindre vent

(5) Ici se rapportent toutes les productions marines, tant en masse que figurées, qui, sous l'apparence de plantes ou de pierres, furent regardées par les naturalistes comme étant d'une toute autre nature qu'elles ne sont réellement. Bernard Jussieux a fait rentrer toutes ces substances dans la classe des êtres animés; et aujourd'hui on les considère comme autant de domiciles d'architectes vivants qui les ont bâtis pour eux, comme l'abeille travaille quand elle se fait une ruche. On nomme polypes, ces petits êtres que Tournefort et autres, à l'égard du corail, regardaient comme autant de fleurs, avant que Trembley ne mît en évidence leur animalité.

(6) Coquillage dont l'enveloppe est comme papyracée. Quand l'animal veut nager, il élève deux de ses bras, tend comme une voile la membrane qui se trouve entre eux, et allongeant dans

la mer deux autres appendices pour lui servir d'avirons, et un autre qui lui tient lieu de gouvernail, il se porte avec vîtesse où bon lui semble. Voyez cet article dans le Dictionnaire de Bomare. Quelques Naturalistes disent que l'animal si industrieux dont il s'agit ici, est une espèce de Sèche, *Sepia*, qui ayant rencontré la coquille vuide, s'y est logée et s'en sert pour voyager.

(7) Fils de Nauplius, roi d'Eubée, et le prince le plus accompli en fait de science. Étant au siège de Troie, il augmenta l'alphabet grec de cinq lettres; il rassura ses compatriotes sur une éclipse de soleil qui les allarmait, en leur en expliquant la cause naturelle. Il fut le premier qui divisa l'année en saisons, mois et jours, suivant le cours du soleil; il fut l'inventeur de la tactique et du jeu d'échecs.

(8) Aux monuments modernes qui s'offrent ici en foule pour prouver cette assertion, nous en ajouterons quelques-uns de l'antiquité, dont on parle encore avec un religieux respect, tels que le temple d'Éphèse; le fameux mausolée ou tombeau qu'Artémise fit élever à Mausole, son époux; le colosse de Rhodes, sous les jambes de

qui passaient les plus hauts vaisseaux; la statue de Jupiter Olympien, que Phydias fit d'ivoire; les murs de Babylone, monument dû à la célèbre Sémiramis; les pyramides d'Egypte, et tous ces majestueux édifices de l'antique Athènes et de Rome.

(9) Ce passage a trait à l'ascension des physiciens Charles et Robert aux Tuileries, en 1786.

(10) Les expériences du paratonnerre de Franklin, d'où l'on a tiré de si sûrs moyens pour détourner la foudre de dessus les édifices. On sait, à l'égard du personnage cité dans le texte, ce qu'en dit Hésiode dans son premier chant des Œuvres et des Jours. L'allégorie en est si bien conduite, qu'elle s'est conservée jusqu'à nos temps. Il raconte que ce fils de Clymène ayant formé l'homme du limon de la terre, et voulant lui donner la vie, il monta au ciel à l'aide de Minerve, et déroba quelques rayons du soleil, dont il remplit une phiole qu'il scella hermétiquement. De retour à sa statue, il lui présenta son flacon ouvert. Les rayons, qui n'avaient rien perdu de leur activité, s'insinuèrent dans tous ses pores et la firent éter-

nuer. Prométhée, charmé du succès, se mit en prières, et fit des vœux pour la conservation de son ouvrage. L'homme animé, qui l'entendit alors, s'en ressouvint, et ne manqua pas, dans pareille occasion, de faire l'application de ses souhaits à ses descendants, qui, de père en fils, l'ont perpétuée jusqu'à nos jours.

FIN DU PREMIER VOLUME.

www.ingramcontent.com/pod-product-compliance
Lightning Source LLC
LaVergne TN
LVHW010831120826
845149LV00016B/429
* 9 7 8 2 0 1 9 2 1 0 3 5 9 *